참 쉬운
뚝딱 한국사

5

참 쉬운 뚝딱 한국사 ❺

대한 제국~일제 강점기

1판 1쇄 찍음	2023년 1월 15일
1판 1쇄 펴냄	2023년 1월 20일

글쓴이	나동철
그린이	강혜숙
감수 및 추천	서울 초등사회교과교육연구회
펴낸이	박상희
편집 주간	박지은
편집 진행	김지호
기획·편집	박물관북스
디자인	아이디어스푼
펴낸곳	㈜비룡소 출판등록 1994.3.17.(제16-849호)
주소	06027 서울시 강남구 도산대로1길 62 강남출판문화센터 4층
전화	영업 02-515-2000 편집 02-3443-4318, 9 팩스 02-515-2007
홈페이지	www.bir.co.kr
제품명	어린이용 반양장 도서
제조자명	㈜비룡소
제조국명	대한민국
사용연령	3세 이상

ⓒ 나동철, 강혜숙, 박물관북스 2023. Printed in Seoul, Korea.

ISBN 978-89-491-8278-0 74910 / ISBN 978-89-491-8280-3 (세트)

참 쉬운 똑딱 한국사 ⑤

대한 제국 ~ 일제 강점기

나동철 글 강혜숙 그림

서울 초등사회교과교육연구회 감수 및 추천

비룡소

차례

1장

010 힘 겨루는 주변 국가들 사이에서 나라 지키기

- 012 동학 농민 운동부터 청일 전쟁까지
- 014 개혁은 해야 하고, 일본은 간섭하고
- 016 러시아가 힘을 쓰기 시작하다
- 018 일본이 명성 황후를 시해하다
- 020 백성들이 들고일어선 을미의병
- 022 고종이 러시아 공사관으로 몸을 피하다
- 024 나라를 지키기 위해 만든 독립 협회
- 026 독립을 위해 노력한 서재필
- 028 백성들이 모여 조선의 앞날을 말하다

- 030 단원 정리

2장

032 조선에서 대한 제국으로

- 034 고종, 대한 제국의 황제가 되다
- 036 우리 것을 지키면서 서양 문화를 받아들이다
- 038 전화도 하고, 기차도 타고, 신문도 보고
- 040 깨끗한 도시로 변한 대한 제국의 서울
- 042 양복을 입고 커피를 마시다
- 044 서당은 이제 그만, 학교에서 배우자
- 046 서양식 병원이 세워지다

- 048 단원 정리

3장

050 나라를 지키기 위해 일어나 싸우다

- 052 일본과 러시아가 대한 제국을 차지하려고 싸우다
- 054 일본이 우리의 외교권을 빼앗다
- 056 고종, 헤이그로 특사를 파견하다
- 058 헤이그 특사 사건을 이끈 이상설
- 060 모두가 한마음으로 을사늑약에 저항하다
- 062 전국에서 일어난 의병, 일본에 맞서다
- 064 일본의 노예로 사느니, 차라리 죽겠소!
- 066 어떤 의병 활동이 있었을까?
- 068 독도를 당당히 지켜 낸 사람들
- 070 간도를 되찾을 수 없는 대한 제국
- 072 안중근 의사, 이토 히로부미에게 총을 겨누다
- 074 안중근 의사를 도운 사람들

- 076 단원 정리

4장

078 싸우는 것도, 아는 것도 나라를 지키는 힘!

- 080 애국 계몽 운동을 벌이다
- 082 독립운동이 우선이라고 생각한 사람들
- 084 친일파로 변해 가는 사람들
- 086 교육으로 나라를 구하자
- 088 신문을 보고 세상을 배우자
- 090 종교 생활도 나라를 지키기 위해!
- 091 나라의 빚은 우리가 갚겠다
- 092 우리말, 우리글, 우리 역사
- 094 독립운동을 위해 나라 밖으로

- 096 단원 정리

6장

118 **일본의 교묘한 통치 수법과 국내외 독립 투쟁**

120 ● 다양한 독립운동이 펼쳐지다
122 ● 우리 것을 만들어 쓰고 우리 대학교를 세우자!
124 ● 광주 학생 항일 운동
126 ● 가자, 농촌으로! 계몽 운동
128 ● 독립군, 봉오동에서 크게 이기다
130 ● 독립군의 가장 큰 승리, 청산리 대첩
132 ● 홍범도 장군과 김좌진 장군
134 ● 치열한 여성 독립운동가, 남자현
136 ● 독립군에 패배한 일본, 간도의 동포들을 학살하다
138 ● 일본을 떨게 만든 비밀 조직, 의열단
140 ● 일본이 가장 체포하고 싶어 했던 독립운동가, 김원봉
142 ● 험난한 독립운동 속에서 태어난 한인 애국단
143 ● 나라를 위해 목숨을 바친 윤봉길 의사
144 ● 대한민국 임시 정부 지킴이, 김구 주석

146 ● 단원 정리

5장

098 **험난한 독립운동**

100 ● 1차 세계 대전 속에서 우리나라는
102 ● 일본이 총칼로 위협하고 탄압하다
104 ● 그리운 나라를 떠나 독립운동을 펼치다
106 ● 전국에서 독립 만세 운동이 일어나다
108 ● 감옥에서도 만세를 외친 유관순 열사
110 ● 전 세계에 보여 준 3·1 운동 정신
112 ● 제암리 학살 사건
114 ● 대한민국 임시 정부를 세우다

116 ● 단원 정리

7장

148 일본의 멸망을 기다리며 건국을 꿈꾸다

- 150 우리더러 일본에 충성하라고?
- 152 일본의 전쟁으로 희생당한 우리 민족
- 154 우리글을 연구하는 것이 죄?
- 156 기나긴 시련 끝에 편찬된 『조선말 큰사전』
- 158 우리 역사를 바르게 알아야 한다
- 160 종교도 시도 영화도, 오직 나라를 위하여
- 162 일본, 이탈리아, 독일이 2차 세계 대전을 일으키다
- 164 대한민국 임시 정부가 한국 광복군을 만들다
- 166 새 나라를 건국할 준비를 하고
- 168 마침내 광복을 맞이하다

- 170 단원 정리

8장

172 교과서보다 더 친절한 문화, 문화재 이야기

- 174 고종의 꿈이 깃든 정동길
- 176 개항과 철도가 만든 근대 도시
- 178 방방곡곡 3·1 운동 유적을 찾아서
- 180 의병을 만나러 가자!
- 181 대한민국 임시 정부 기념관
- 182 서대문형무소 역사관으로

- 184 이 책에 실린 사진들

초등 사회 교과 연계표

「참 쉬운 뚝딱 한국사」 시리즈는
현행 초등 사회 교과서의 교과 내용을 연계하여 구성했습니다.

사회

3학년 1학기 **2단원. 우리가 알아보는 고장 이야기**
(1) 우리 고장의 옛이야기
(2) 우리 고장의 문화유산

4학년 1학기 **2단원. 우리가 알아보는 지역의 역사**
(1) 우리 지역의 문화유산
(2) 우리 지역의 역사적 인물

5학년 2학기 **2단원. 사회의 새로운 변화와 오늘날의 우리**
(1) 새로운 사회를 향한 움직임
(2) 일제의 침략과 광복을 위한 노력

*초등 사회 교과서의 단원명은 학교에 따라 다를 수 있습니다.

서울 초등사회교과교육연구회가
「참 쉬운 뚝딱 한국사」 시리즈를 추천합니다.

많은 아이들이 한국사를 외울 것이 많고 어려운 과목이라고 생각합니다.

한국사의 흐름을 이해하지 않고 무조건 외우려고만 하니

지루하고 따분하게 느껴질 수밖에 없습니다.

「참 쉬운 뚝딱 한국사」 시리즈는 역사적 인물과 사건에 초점을 맞추고

마치 부모님이 재미있는 옛날이야기를 들려주는 것처럼 설명하여

역사를 처음 접하는 아이들이 한국사에 흥미를 가질 수 있도록 해 주는 책입니다.

또한 각 장의 첫 부분에 해당 주제의 역사 연표를 보여 주어

전체적인 흐름을 잡도록 도와주고,

본문은 핵심 내용을 기억하기 쉬운 그림과 사진으로 표현하여

어린이 스스로 학습한 내용을 체계화하고, 이해할 수 있도록 구성했습니다.

'단원 정리'에는 초등학교 수준에서 어려운 역사 용어와 유물,

인물 등을 정리하고, 공부한 내용을 확인하는 문제가 수록되어 있어

우리 역사에 흥미를 갖고 기본을 다지는 데 도움이 됩니다.

5권에서는 갑오개혁 이후 대한 제국을 선포한 때부터 일제 강점기 동안 잃어버린 나라를

되찾기 위해 벌인 치열한 독립운동 과정과 마침내 광복을 맞이하는 순간까지,

우리나라 근대 역사의 사실들을 알려 주고, 그 시대의 문화재와 유물들을 소개합니다.

초등학생 눈높이에 맞춰 만들어진 「참 쉬운 뚝딱 한국사」 시리즈를 읽으면서

한국사의 큰 흐름을 스스로 이해하고, 역사에 대한 흥미와 자신감을 가져 보세요!

*서울 초등사회교과교육연구회는 초등학교에서 사회를 가르치는 선생님들이
 사회를 더 재미있게 가르치기 위해 연구하는 모임입니다.

1장
힘 겨루는 주변 국가들 사이에서 나라 지키기

조선은 닫혀 있던 나라의 문을 열고 새로운 문물을 받아들이면서 변화하기 시작했어요.
이때 세계 여러 나라들은 자기들의 이익을 차지하기 위해 주변 나라들과 전쟁을
서슴지 않았고 세력을 넓히려고 애를 쓰던 중이었어요.
불평등한 강화도 조약으로 나라를 개방하게 된 조선은
주변 나라들과 어떤 관계를 맺으면서 변화를 맞이했을까요?
또한 대한 제국을 세우기 전까지 스스로를 지키기 위해
어떤 노력을 했을까요?

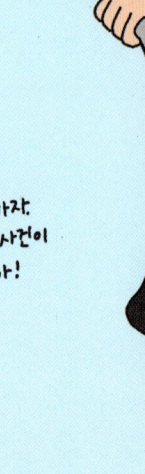

1894년
- 농민들, 동학 농민 운동을 일으킴.
- 청과 일본이 조선의 지배권을 두고 청일 전쟁을 벌임.
- 갑오개혁이 일어남.

1895년
- 삼국 간섭이 일어남.
- 명성 황후가 경복궁에서 일본인들에게 시해됨(을미사변).
- 단발령이 내려지고, 을미 의병 운동이 일어남.

1896년
· 고종, 러시아 공사관으로 피신함(아관파천).
· 서재필, 독립 협회를 만듦.
· 《독립신문》이 발간됨.

1897년
· 독립문이 세워짐.
· 고종, 나라의 이름을 대한 제국으로 바꿈.

1898년
종로에서 만민 공동회가 열림.

동학 농민 운동 부터 청일 전쟁 까지

*조혼: 어린 나이에 일찍 하는 결혼.

 개혁은 해야 하고, 일본은 간섭하고

<mark>청일</mark> 전쟁이 끝난 뒤 조선, 청나라, 일본의 관계가 달라졌어요.
전쟁에서 패배한 청나라는 조선 땅에서 완전히 힘을 잃었고,
조선에서 물러나게 되었어요. 승리한 일본은 청나라로부터
중요한 위치의 땅을 받아 냈고, 조선의 나랏일에 일일이 간섭하기 시작했어요.
조선은 일본의 간섭을 받으며 개혁을 해야 했어요.
서양의 강대국들은 점점 강해지는 일본을 경계하기 시작했어요.

* **청일 전쟁**: 1894년 7월부터 1895년 4월까지 청나라와 일본이 우리 땅에서 벌인 전쟁.

 러시아가 힘을 쓰기 시작하다

러시아는 겨울에 몹시 추워서 사람과 물건이 오가느라 북적북적해야 할
항구까지 얼어붙었어요. 그래서 얼지 않는 항구가 필요했지요.
그런 이유로 러시아는 가까운 조선과 만주를 호시탐탐 노렸어요.
그런데 일본이 점점 힘을 키우고 조선을 간섭하니 신경이 쓰였지요.
러시아는 프랑스, 독일과 함께 일본 세력을 누르기로 했어요.
이들 세 나라는 일본에 청나라의 랴오둥반도를 돌려주라고 요구했어요.
이 일을 일컬어 세 나라가 간섭했다고 해서 '삼국 간섭'이라고 해요.
세 나라의 힘에 맞서기에 역부족이라고 생각한 일본은 결국 청일 전쟁 때
빼앗은 랴오둥반도를 청나라에 돌려주었어요.

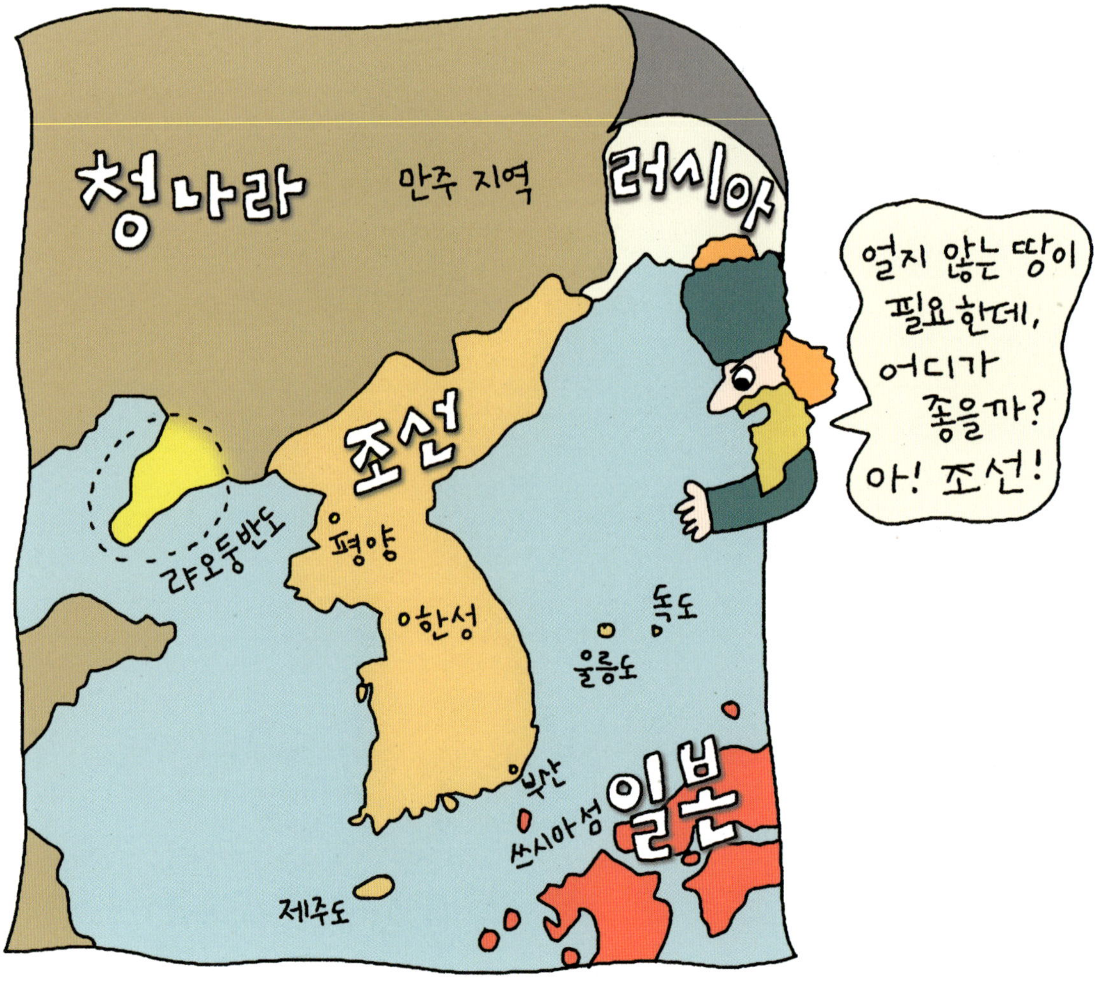

러시아, 프랑스, 독일이 일본에게 요구한 것을 그림에서 찾아 동그라미 해 보세요.

 일본이 명성 황후를 시해하다

삼국 간섭이 일어났다는 소식을 들은 조선의 고종과 명성 황후는
러시아의 힘이 일본보다 세다는 걸 알게 되었어요.
명성 황후는 러시아를 이용하여 조선에서 일본 세력을 몰아내려고 했어요.
그러자 일본이 러시아에 조선을 빼앗길 수 있겠다는 생각에
경복궁에 몰래 침입해 명성 황후를 시해했어요.
1895년 을미년에 일본이 자객을 보내 명성 황후를 죽인
이 사건을 '을미사변'이라고 해요.

* **시해**: 임금 같은 윗사람을 죽이는 일.

* **자객**: 사람을 몰래 죽이는 일을 하는 사람.

을미년에 명성 황후가 일본에 죽임을 당한 사건의 이름을 찾아서 말해 보세요.

1 을미사변

경복궁 옥호루(복원 전)
명성 황후가 시해된 곳.

옥호루(복원 후)

 # 백성들이 들고일어선 을미의병

을미사변 이후 일본의 간섭이 점점 심해졌어요.
일본은 우리가 사용해 온 음력 대신 양력을 사용하라 강요하고,
우편 제도를 실시하는 등 자기들 마음대로 개혁을 요구했어요.
을미년에 일어난 개혁이라고 해서 이를 '을미개혁'이라고 해요.
이 을미개혁에는 남자들의 상투를 잘라 서양인처럼 머리카락을
짧게 깎도록 강요하는 '단발령'도 있었어요.

당시 조선의 백성들은 부모로부터 물려받은 머리카락을 자르는 것이 큰 불효라고 생각했어요. 그러니 단발령은 백성들에게 받아들일 수 없는 큰일이었지요.
명성 황후의 죽음으로 분노하던 백성들은 을미개혁을 도저히 찬성할 수 없었어요. 백성들의 지도자였던 최익현도 크게 반발하였어요.
"내 머리는 자를 수 있어도 머리카락은 자를 수 없다."
지방의 유생들과 농민들도 의병으로 일어났어요. 이 일을 '을미의병'이라고 해요.

***유생**: 유학을 공부하는 선비.

조선 백성들이 단발령을 반대한 이유를 찾아 말해 보세요.

고종이 러시아 공사관으로 몸을 피하다

명성 황후가 죽은 뒤, 고종은 자신도 그렇게 목숨을 잃을까 봐 두려웠어요.
고종은 자신의 안전을 지키고 일본의 영향력에서 벗어나기 위해
궁궐을 떠나 러시아 공사관으로 갔어요. 이를 '아관 파천'이라고 해요.
'아관'은 러시아 공사관, '파천'은 임금이 머무르는 곳을 옮기는 일을 뜻해요.
이 일로 조선에서 일본의 영향력이 줄어들었고, 반면에 러시아의 지배력은
커졌어요. 여러 강대국들은 이때를 기회로 여겨 서로 경쟁하며
금광 채굴권 같은 귀중한 이권을 빼앗아 갔답니다.
조선은 자주독립 국가로서 힘을 많이 잃게 되었어요.
이때 고종은 백성들에게 내린 단발령을 취소하였고, 의병들에게
해산 명령을 내렸어요.

* **금광 채굴권**: 금을 캐내어 가질 권리.

* **자주독립 국가**: 다른 나라의 힘을 빌리지 않고 나라의 일을 결정하고 운영하는 국가.

↳ 러시아 공사관(1910년)

러시아 공사관(현재)
고종이 일본으로부터 몸을 피해 간 곳. 조선이 러시아와
수호 조약을 체결한 뒤인 1890년에 세워졌어요. 경복궁과 당시
경운궁(현재 덕수궁) 등을 내려다볼 수 있는 높은 곳에 있고,
이 건물의 지하실은 덕수궁과 연결되어 있었어요.
6·25 전쟁 때 건물이 파손되어 현재 일부만 남아 있어요.

나라를 지키기 위해 만든 독립 협회

사람들은 조선이 다른 나라에 의지하지 않고 스스로 일어서야
한다고 생각했어요. 그래서 서재필은 독립 협회를 만들어
같은 생각을 가진 사람들을 여럿 모았습니다.
독립 협회는 사람들에게 조선의 상황을 알리고
스스로 일어서야 한다는 생각을 널리 퍼뜨리기 위해,
정부의 지원을 받아 《독립신문》을 만들었어요.
또 독립의 의지를 다지기 위해 모금을 하여 청나라 사신을 맞이하던
영은문이 있던 자리에 독립문을 세웠지요.

***영은문**: 조선 시대 때, 중국에서 오는 사신을 맞아들이던 문.

✏️ 조선의 상황을 알리기 위해 독립 협회가 만든
신문의 이름을 찾아 동그라미 해 보세요.

독립을 위해 노력한 서재필

서재필은 어린 나이에 과거 시험에서 우수한 성적으로 합격하여 모든 사람의 기대를 한 몸에 받은 총명한 사람이었어요. 그는 김옥균과 함께 이끈 갑신정변이 실패하자 미국으로 몸을 숨겼어요. 그곳에서 혼자 열심히 공부하여 우리나라 최초로 서양 의술을 가진 의사가 되었지요. 시간이 흘러 조선으로 돌아온 그는 이상재, 윤치호, 손병희 등과 함께 독립 협회를 조직하고, 독립문을 세웠어요. 또한 《독립신문》을 발간하고 만민 공동회 활동을 하는 등 백성들에게 독립 의지를 알리려고 노력했어요.

《독립신문》 제1호

> 오직 조선 사람만을 위한 신문이야.

> 한글과 영문으로 나왔대!

> 당시 조선의 상황을 외국에 알리는 역할도 했구나!

1896년 4월 7일, 주시경이 편집하여 펴낸 《독립신문》은 사람들에게
새 소식을 알려 주는 통로가 되었고, 백성들을 깨우치는 데 앞장섰어요.
이를 통해 백성들은 나라의 상황을 알게 되었고, 나라를 위한 주장을
펼칠 수 있게 되었지요. 《독립신문》을 통해 신문의 중요성을 깨달은 사람들이
다른 여러 신문을 펴낼 수 있었기에, 지금까지도 《독립신문》이 시작된
4월 7일을 '신문의 날'로 기념하고 있어요.

✏️ '신문의 날'을 4월 7일로 정해 기념하는 이유를 찾아 밑줄을 그어 보세요.

 백성들이 모여 조선의 앞날을 말하다

독립 협회에서는 '만민 공동회'라는 집회를 계속 열었어요.
백성이라면 누구나 나라를 위한 목소리를 낼 수 있는 자리였지요.
여기에서 백정이란 낮은 신분이었던 박성춘도 연설할 기회를 얻었어요.
그 후 높은 관리들과 백성들이 함께 모이는 '관민 공동회'도 열었어요.
백성부터 관리까지 모두 머리를 맞대고 어떻게 하면 우리 스스로
한 나라로서 힘을 가질 수 있을지 토론했어요.
그렇게 해서 나온 좋은 의견들은 모아서 고종에게 전달했어요.
한편 일본은 대한 제국이 발전하는 것을 두려워했어요.
그래서 몰래 친일파를 시켜서 독립 협회가 고종을 몰아내려 한다고
거짓 소문을 퍼트렸지요. 이 소문을 전해 듣고 놀란 고종은
결국 독립 협회를 강제로 없애 버렸어요.
독립 협회가 없어지자, 서재필은 다시 미국으로 돌아갔어요.
그는 미국에서 의사로 일하면서 우리나라의 사정을 해외에 널리 알렸고,
미국 동포들과 함께 독립 활동을 이어갔답니다.

* **집회**: 여러 사람이 어떤 목적을 위하여 일시적으로 모임.

단원 정리

 역사 용어

- **강대국**
  군사력과 경제력, 외교력이 강한 나라.
- **랴오둥반도(요동반도)**
  랴오허강과 압록강 사이 바다로 둘러싸인 땅. 청일 전쟁으로 일본이 청나라에게 받아 낸 땅.
- **자주독립 국가**
  다른 나라의 힘을 빌리지 않고 나라의 일을 결정하고 운영하는 국가.
- **사변**
  뜻밖에 일어난 큰 사건 또는 한 나라가 상대국에 갑자기 침입하는 일.
- **아관 파천**
  임금이 러시아 공사관으로 머무르는 곳을 옮긴 일.
- **삼국 간섭**
  러시아, 프랑스, 독일이 랴오둥반도를 차지하려는 일본을 막기 위해 간섭한 일.

역사 인물 만나다

최익현
조선 말기와 대한 제국 시대의 대표적 유학자. 단발령에 반대하고 을사늑약 때에 의병장으로 항일 투쟁을 함.

서재필
우리나라의 자주독립과 민주주의를 위해 헌신한 독립운동가. 독립 협회와 독립문을 만들고 《독립신문》을 발간함.

이상재
서재필과 함께 독립 협회를 만들고 만민 공동회를 개최한 독립운동가. 신간회 초대 회장을 맡음.

주시경
《독립신문》을 만들며 한글 쓰기, 띄어쓰기, 가로쓰기를 널리 알린 국어학자.

박성춘
가장 낮은 신분인 백정이었지만 만민 평등 운동을 벌이며 시민 대표가 되어 만민 공동회에서 최초로 연설함.

역사 생각 궁금하다!

프랑스와 독일은 왜 러시아를 도왔을까요?
프랑스와 독일은 오랫동안 싸우고 있었어요. 그래서 상대편이 러시아와 친해져서 힘이 세지는 것이 두려웠지요. 그런 이유로 러시아의 제안에 두 나라가 참석한 거예요.

왜 경복궁을 침입하는 일본인을 막지 못했나요?
일본이 경복궁을 호위하는 훈련대 대장 중 몇 명을 자기편으로 끌어들여 새벽에 궁궐을 침입했기 때문이에요.

독립문을 만들 때 누가 참여했나요?
고종과 당시 세자였던 순종, 각부 대신, 양반, 상인, 백성 등이 기부금을 내거나 격려하면서 독립문 건설에 참여했어요. 총 3,825원을 모아 프랑스 개선문을 본뜬 독립문을 세웠어요.

《독립신문》에는 어떤 내용이 들어 있었나요?
우리나라의 정치 소식, 서양 소식, 서양의 문물 등을 소개했어요. 특정인의 주장이나 광고를 싣기도 했죠. 기차나 배의 시간표가 있어 여행객들에게 인기가 좋았대요.

역사 장소

경복궁 건청궁
고종이 경복궁의 가장 깊숙한 곳에 따로 지은 작은 궁궐. 이곳 옥호루에서 명성 황후가 시해당한 을미사변이 일어났음.

러시아 공사관
대한 제국 당시 러시아 공사관(원래 이름은 아라사 공사관)이 있던 자리. 6·25 전쟁 때 건물이 대부분 부서지고 지금은 3층 전망탑만 남아 있음.

서대문독립공원 서재필 동상
독립문이 있는 공원. 독립문 뒤에 《독립신문》을 만든 서재필의 동상과 회의가 열렸던 독립관이 있음.

지평의병·지평리전투기념관
최초의 을미의병 발생지로서 지평리의병 전시물을 볼 수 있음. 또한 6·25 전쟁 당시 유명했던 지평리 전투의 전시실이 있음.

01 삼국 간섭에 참여한 국가로 바르게 짝지어진 것을 골라 보세요.
① 러시아 - 독일 - 프랑스
② 일본 - 미국 - 영국
③ 일본 - 청나라 - 조선
④ 독일 - 이탈리아 - 오스트리아

02 다음 빈칸에 알맞은 말을 보기에서 찾아 쓰세요.

보기: 을미의병, 단발령, 을미사변

( ) 으로 명성 황후가 죽임을 당해 분노한 백성들은 머리카락을 짧게 깎으라는 ( )을 결코 받아들일 수 없었어요. 이에 최익현을 비롯한 유생들이 중심이 되어 ( )을 일으켰어요.

03 다음 보기의 단어와 가장 관련이 깊은 인물은 누구일까요?

보기: 갑신정변, 독립 협회, 독립신문, 독립문

① 고종
② 최익현
③ 서재필
④ 명성 황후

04 다음 문화유산 중에서 독립문을 찾아보세요.

 ①

 ②
 ③
 ④

풀이 01 ① 02 을미사변, 단발령, 을미의병 03 ③ 04 ④

2장 조선에서 대한 제국으로

고종은 새로운 모습의 나라를 세워야겠다고 생각했어요.
그래서 나라 이름을 대한 제국으로 바꾸고 왕 대신 황제가 되었지요.
대한 제국 시대를 맞이해 사람들의 생활은 어떻게 달라졌는지,
거리의 모습은 어떻게 변하였는지 함께 알아볼까요?

어차피 우리 손에 넘어올 텐데.

1899년
최초의 철도, 경인선(서울~인천)이 개통함.

1898년
《제국신문》,《황성신문》이 창간됨.

1897년
고종, 대한 제국을 선포하고 황제가 됨.

1900년
· 종로에 가로등을 설치함.
· 최초의 근대식 공립 학교인 관립중학교 개교.

1904년
· 세브란스 병원이 세워짐.
· 《대한매일신보》가 창간됨.

1905년
경부선(서울~부산) 철도가 개통됨.

1907년
서울 대한의원이 세워짐.

1908년
제중원에서 박서양을 비롯하여 최초의 서양 의사 7명을 배출함.

1909년
덕수궁의 석조전을 세움.

고종, 대한 제국의 황제가 되다

고종은 러시아 공사관에서 나와 경운궁(덕수궁)으로 돌아왔어요.
그리고 새로운 나라를 세우겠다고 결심했어요.
우선 고종은 왕 대신 '황제'라는 호칭을 사용하기로 하고
나라 이름도 '대한 제국'으로 바꿨어요.
당시에는 청나라의 왕만 황제라고 부를 수 있었고, 조선의 왕은
그렇게 부를 수 없었어요. 고종이 왕 대신 황제라는 호칭을 사용하고,
나라 이름에 '황제의 나라'라는 '제국'을 붙인 것은 우리가 중국과
어깨를 나란히 하는 자주독립 국가임을 알리겠다는 뜻이었어요.
고종은 1897년 10월 12일 환구단에서 황제 즉위식을 했어요.
임금의 궁궐이었던 경운궁도 황제의 궁궐로 다시 태어났어요.

***즉위식**: 임금 자리에 오른 것을 널리 알리는 행사.

왕을 '황제'라고 부르고, 나라 이름을 '대한 제국'으로 바꾼 의미를 찾아 읽어 보세요.

환구단 모습(1910년대)
1897년 고종이 대한 제국의 황제로서 즉위식을 한 곳.

환구단(현재)
천자가 하늘에 제사를 드리는 곳. 천자는 하늘의 뜻을 받아 하늘을 대신하여 천하를 다스리는 사람을 말해요. 고종이 환구단에서 황제 즉위식을 한 것은 고종이 천자가 되었음을 의미해요.

청나라 황제 →

← 대한 제국 황제

"우린 이제 같은 황제요."

경운궁(덕수궁) 중화전
중화전은 황제의 궁궐이 된 경운궁(덕수궁)의 중심 건물로 임금님이 하례(축하하는 예)를 받거나 국가 행사를 하는 장소였어요.

대한 제국의 고종 황제

우리 것을 지키면서 서양 문화를 받아들이다

고종은 '광무'라는 연호를 쓰기로 하면서 '광무개혁'을 시작했어요.
우리 전통문화를 지키는 것을 원칙으로 하면서,
서양의 문화를 받아들였지요. 대한 제국은 광무개혁을 통해
자주독립 국가가 되려고 많은 노력을 했어요.
땅을 가지고 있는 백성들에게 땅에 대한 권리를 인정해 주는 문서인
'지계'를 만들어 주어 외국인들이 우리나라 땅을 마음대로
소유하지 못하도록 했어요.
한편 서양의 기술과 기계를 들여와 백성들의 삶을 편리하게 해 주었어요.
또한 군사 제도를 개혁하고 신식 무기를 군대에 도입하여
군사력을 강하게 키우고자 노력했어요.

*연호: 임금이 나라를 다스리는 연도를 표시하기 위해 쓰는 말. (예) 고종이 황제가 된 1897년은 광무 1년.

전화도 하고, 기차도 타고, 신문도 보고

개항 이후 우리나라에 새로운 문물이 밀려들었어요.
박문국, 철도, 전신, 전화 등 전에 없던 새 문물이 들어와,
사람들은 소식을 빠르게 접하고, 이동도 편리해졌지요.
대한 제국은 빠른 속도로 새 문물을 받아들이고 제도를 정비했어요.
도로를 넓혀 자동차와 전차가 다닐 수 있도록 하고,
서울 종로에는 길가에 가로등도 설치했어요.
1899년에는 처음으로 서울과 인천을 잇는 기찻길이 생겼어요.
또 《제국신문》,《황성신문》,《대한매일신보》같은 신문을 통해
세상 돌아가는 소식을 쉽고 빠르게 접할 수 있었어요.

* **개항**: 외국과의 교류를 위해 나라의 문을 엶.
* **박문국**: 신문이나 잡지를 인쇄하는 일을 하던 기관.
* **전신**: 전류나 전파를 이용하여 문자를 전기 신호로 바꿔 보내는 통신.

깨끗한 도시로 바뀐 대한 제국의 서울

지난날 서울은 비가 오면 질척해지는 흙길에다가,
쓰레기들이 여기저기 널려 있어서 나쁜 냄새도 많이 났어요.
그러나 대한 제국의 서울은 여러 면에서 크게 달라졌지요.
동대문에서 남대문까지 좁은 길이 넓혀졌고, 흙길이 포장되어
넓고 평평한 길을 따라 자전거들이 쌩쌩 달릴 수 있었어요.
특히 남대문, 서대문 쪽은 너무 달라져 옛 모습을 찾기 힘들 정도였지요.
중심지에는 호텔을 세울 준비가 한창이었고,
유리 진열대를 설치해 물건을 진열하는 서양식 상점들이 문을 열었어요.

길거리에 쓰레기를 마음대로 버리지 못하는 법이 생겼고,
환경미화원들이 쓰레기를 청소하기 시작했답니다.
대한 제국의 서울은 미국 워싱턴의 모습을 본보기로 삼아
깨끗하고 쾌적한 도시로 빠르게 변해 갔어요.

🔍 변화하는 서울의 모습을 보면서 지금의 서울과 어떻게 다른지 말해 보세요.

1911년 서울 종로의 모습

 양복을 입고 커피를 마시다

기독교를 알리려고 서양에서 온 선교사들이 우리나라에
살면서, 서양의 물건과 생활 습관이 널리 퍼지기 시작했어요.
서양에서 온 신식 물건의 이름에는 물(水)을 건너왔다는 의미로
'양(洋)'이라는 글자가 붙었어요.
우리가 쓰는 양복, 양말, 양식 같은 단어는 이때 생겨난 말이에요.
사람들은 한복 저고리 대신 셔츠를 입고 중절모를 썼어요.
한약과 비슷한 색깔이지만 맛은 전혀 다른 커피를 즐기기 시작한 것도
이때부터였어요. 특히 고종 황제가 커피(당시 가배차)를 즐겨 마셔
신하들 사이에서도 인기가 좋았어요.
석유와 성냥은 사람들의 필수품이 되었고, 빵과 과자, 케이크 등
서양 음식도 맛볼 수 있었지요.
정동 제일 교회, 명동 성당과 같은 서양식 건물이 시내 곳곳에 들어섰고,
덕수궁에는 석조전이 지어졌지요.

* **중절모**: 꼭대기의 가운데를 눌러쓰는, 챙이 둥글게 달린 신사용 모자.

덕수궁 정관헌 내부
고종 황제가 커피를 마시던 곳.

덕수궁 정관헌 외부

그 시절에 광고지가 있었다면 이렇지 않았을까?

 서당은 이제 그만, 학교에서 배우자

사회 발전을 위해 가장 공을 들인 부분은 교육 분야였어요.
서당에서 한문 위주로 배우는 것이 전부였던 아이들에게
새로운 학문과 기술을 가르칠 학교가 필요했기 때문이죠.
배재 학당은 미국인 선교사 아펜젤러가 세운 최초의 서양식 학교예요.
고종은 이 학교에 관심이 컸고, 이름도 직접 지어 주었어요.
이후 나라에서는 육영 공원이라는 학교를 만들어 영어, 산수, 지리 같은
새 학문을 가르쳤어요. 이어서 교육 입국 조서에 따라 소학교, 중학교,
사범학교 등 각종 관립 학교를 설립했어요. 고등 교육 기관으로는
민족 자본으로 세운 보성 전문학교(현재 고려대학교),
기독교 선교사가 세운 연희 전문학교(현재 연세대학교)가 있어요.
선교사와 민족 운동가들도 앞다투어 학교를 세웠어요.
근대 교과목을 가르치는 서당도 생겨났어요.
양반뿐만 아니라 일반 백성과 여자도 학교에 다닐 수 있게 되었지요.

* **교육 입국 조서**: 고종이 갑오개혁 때 반포한 근대 교육에 관한 조칙.
* **관립**: 국가 기관에서 세움.

↳ 변해 가는 서당

서당의 수업 모습. 머리가 짧은 아이들이 마루에 꿇어앉아 책을 읽고 있어요.

↳ 배재 학당(현재)

서양식 병원이 세워지다

우리나라 최초의 서양식 병원은 미국인 선교사 알렌이 세운 광혜원으로, 나중에 제중원으로 이름이 바뀌었어요. 제중원은 근대식 국립 병원으로 큰 역할을 했으나 정부의 재정 부족으로 어려움을 겪던 중에 병원 운영권이 세브란스 병원으로 넘어갔어요. 대한 제국 시대에는 광제원, 의학교(지금의 의과대학) 부속 병원 등을 설립하였다가 이를 모두 대한 의원으로 통합하여 근대 의술과 의학 교육을 펼쳤어요. 또한 각 지역마다 자혜 의원이 설립되었어요. 그리고 서양 의술을 교육받은 의사가 많아져서 전국적으로 서양식 병원이 세워졌습니다.

* **재정**: 국가가 나라 살림을 꾸리기 위해 세금을 걷어 관리하는 돈.
* **자혜 의원**: 1909년부터 지방에 세워진 근대식 국립 병원.

우리나라 최초의 서양식 병원 이름을 찾아 동그라미 해 보세요.

↳ 세브란스 병원(1925년)

서울 대한의원
↳ 서울대학교 의과대학 내에 있는 대한 제국 시대의 병원.

단원 정리

알다 - 역사 용어

☑ **개혁**
법이나 제도, 기관 등을 바꾸고 새롭게 고치는 일.

☑ **제국**
황제가 다스리는 나라.

☑ **신문물**
법, 제도, 물건 등 새로운 문화로 만들어진 것들을 통틀어 일컫는 말.

☑ **육영 공원**
'젊은 인재를 기르는 공립 학교'라는 뜻으로 우리나라 최초의 근대식 공립 학교. 젊은 관리와 양반 자제만 다닐 수 있었음.

역사 인물 만나다

루이스 헨리 세브란스
미국인 사업가. 병원 설립을 위해 큰돈을 기부했기에 그의 이름을 따서 세브란스 병원이라고 하였음.

아펜젤러
미국인 선교사. 정동 제일 교회와 배재 학당을 지었음. 성경을 조선어로 번역하는 일에 평생을 바침.

알렌
미국 선교사이자 의사. 한국 최초의 근대 병원을 세우고, 우리나라를 도와 청나라와 일본에 맞섰음.

박정양
고종의 명령으로 미국에 간 초대 주미 전권공사. 워싱턴의 발전을 고종에게 알려 서울을 변화시킨 인물.

역사 생각 궁금하다!

대한 제국은 왜 워싱턴의 모습을 닮은 수도를 만들려고 했을까요?
개발을 통해 몰라보게 발전한 워싱턴을 본보기 삼아 대한 제국을 발전시키기 위해서예요.

커피 외에 새롭게 들어온 음식은 무엇이 있나요?
홍차, 빵, 케이크, 양과자 등이 서양 사람들을 통해 알려졌어요. 일본에서는 단무지, 유부, 어묵 등이, 청나라에서는 호떡, 짜장면 등이 들어왔어요.

선교사들이 세운 학교는 어떤 곳이 있나요?
선교사들이 세운 학교로는 이화 학당, 경신 학교, 숭실 학교, 정신 여학교 등이 있어요.

가다  역사 장소

덕수궁(경운궁)
고종이 대한 제국을 선포하고 황제로 즉위하며 정궁으로 삼은 곳. 5대 궁궐 중 가장 마지막에 만듦.

배재 학당 역사박물관
선교사 아펜젤러가 세운 근대 학교.
주시경, 김소월, 이승만 등 많은 인물이 배출됨.

명동 성당
우리나라 천주교의 중심 성당이자 최초의 본당 성당.
유럽의 고딕 양식으로 지어짐. 1898년에 완공.

국립고궁박물관
조선과 대한 제국의 황실이 남긴 유물을 전시하고 보관한 곳.

보다 역사 유물

황제지보
관리 임명장에 찍는 황제의 도장. 미군이 가져간 것을 2014년에 돌려받음. 보물로 지정됨.

데니 태극기
1890년경에 만들어진 태극기로 우리나라에서 가장 오래된 것이며, 고종이 미국인 외교 고문인 데니에게 하사했음. 2021년 10월에 보물로 지정됨.

✏️ 확인하기

01 고종이 조선에서 대한 제국으로 이름을 바꾼 이유는 무엇일까요?
본문에서 내용을 찾아 빈칸에 답을 적어 보세요.

중국과 어깨를 나란히 하는 ☐☐☐☐☐ 가 되기 위해서

02 대한 제국에서 볼 수 있는 장면으로 가장 알맞은 것은 무엇일까요?
① 머리에 왕관을 쓰고 있는 임금님
② 거란을 상대로 강동 6주 땅을 얻어냄
③ 커피를 마시며 명동 성당을 바라보는 미국인
④ 비행기와 전차가 지나가고 총소리가 들리는 전쟁터

03 대한 제국이 서울의 발전을 위해 본보기로 삼은 도시는 어디일까요?
① 일본 도쿄
② 영국 런던
③ 미국 워싱턴
④ 프랑스 파리

3장
나라를 지키기 위해 일어나 싸우다

대한 제국은 근대화를 향해 노력하며 한발 한발 나아갔어요.
하지만 주변 나라들은 자기 나라의 이익을 위해 호시탐탐 대한 제국을 넘보았지요.
결국 일본과 러시아는 전쟁을 하게 되었어요.
러일 전쟁에서 승리한 일본은 본격적으로 대한 제국을 지배하기 시작했어요.
일본에게 외교권까지 빼앗긴 대한 제국은 스스로를 지키려고 노력했어요.
고종과 신하들은 일본의 눈을 피해 우리의 외교권을 되찾아 오려 했고,
전국에서 의병들이 일어났어요.
나라 밖에 있던 사람들도 함께 힘을 모았어요.
나라를 지키기 위해 힘쓴 사람들의 활동과
그 과정을 함께 알아보기로 해요.

겨우 탄생한 대한 제국이 역사의 소용돌이 속에 빠졌네.

1900년
독도가 대한 제국 영토임을 세계에 알림.

1904년
러일 전쟁이 일어남.

1905년
· 을사늑약 체결.
· 을사의병 활약.

1907년
· 헤이그로 밀사를 파견함.
· 고종, 강제 퇴진.
· 대한 제국 군대가 해산됨.
· 정미의병 활약.

1909년
안중근, 이토 히로부미를 저격함.

일본과 러시아가 대한 제국을 차지하려고 싸우다

일본은 삼국 간섭 이후, 러시아를 꺾기 위해 10년을 준비했어요.
우선 영국과 동맹을 맺어 러시아를 견제했어요.
함대를 만들고 군사력을 기른 일본은 1904년 2월 러일 전쟁을 일으켰어요.
일본은 제물포와 중국의 뤼순 항구에 있던 러시아 군함들을 기습해
침몰시켰어요. 러시아는 맞서 싸우고 싶었지만 러시아 군함이 대부분
유럽 쪽에 있어서 군사를 보낼 수가 없었어요.
아프리카로 돌아 뒤늦게 도착한 러시아 함대마저 패배하자,
강대국들은 일본의 승리를 인정하고 일본을 강대국으로 인정했어요.
일본은 러시아와 강화 회담을 하기 전에 미국과 비밀리에 만나
한반도는 일본이 지배하고, 필리핀은 미국이 차지한다는 협약,
즉 가쓰라·태프트 협정을 맺었어요. 이제 일본은 거칠 것이 없었어요.
대한 제국을 차지하기 위한 첫걸음이 시작된 거예요.

* **제물포**: 인천의 옛 이름.

* **강화 회담**: 전쟁을 끝내기 위한 회담.

일본이 우리의 외교권을 빼앗다

러시아와의 전쟁에서 이긴 일본은 군인들을 앞세워 대한 제국의 궁궐을 둘러싸고 고종과 대신들을 협박하여 1905년 우리나라의 외교권을 빼앗는 을사늑약을 맺었어요.
이렇게 외교권을 빼앗기면 나라로서 기능이 없는 것이나 마찬가지예요. 우리나라와 다른 나라 사이에 문제가 생기더라도 외교권을 빼앗아 간 일본이 원하는 대로 결정해 버릴 수 있기 때문에 큰 문제였지요.
고종은 끝까지 반대하면서 버텼지만, 우리나라를 배신하고 일본 편에 선 대한 제국의 신하 5명을 앞세운 일본 군대가 강제로 밀어붙였답니다.

***외교권**: 다른 나라의 간섭을 받지 않고, 외국과 의논할 수 있는 권리로써 자주독립을 상징하는 중요한 자격.

을사늑약은 여러 가지 이유로 절대로 인정할 수 없는 조약이었어요.
첫째, 이 약속 문서에 찍힌 외부대신 박제순의 도장은 의미가 없어요.
대한 제국의 대신들은 고종이 결정권을 넘겨준 일에 대해서만
도장을 찍을 수 있는데, 고종은 박제순에게 외교권을 결정할 권한을
넘긴 적이 없기 때문이에요.
둘째, 을사늑약 문서에는 나라 사이에 정상적으로 문서를 주고받을 때
찍어야 하는 대한 제국 정부의 도장이 찍혀 있지 않아요.
셋째, 고종 황제가 허락한 적이 없기 때문에 (을사늑약) 문서에는
황제의 도장(옥새)도 찍혀 있지 않지요.
이렇게 일본 마음대로 맺은 강제적 약속이기 때문에 을사늑약은
인정할 수 없는 조약이에요.

*외부대신: 조선 시대, 외부(외국과의 교섭이나 통상을 맡아보던 관아)의 으뜸 벼슬.

일본이 맺은 을사늑약이 인정될 수 없는 이유를 3가지 찾아 말해 보세요.

 고종, 헤이그로 특사를 파견하다

고종은 을사늑약을 끝까지 인정하지 않았어요.
그래서 이 조약의 무효를 선언하고, 세계 여러 나라에 편지를 보내서
을사늑약이 불법이라는 사실을 알리는 데 힘썼어요.
고종의 신임을 얻어 우리나라의 외교를 돕고 있던 헐버트 박사에게도
미국에 이 사실을 알려달라고 부탁했어요.
하지만 별다른 성과가 없어 애를 태우기도 했답니다.
그러던 중 1907년 네덜란드 헤이그에서 세계 여러 나라 외교관들이
모이는 '만국 평화 회의'가 열리게 되었어요.
고종은 헤이그에 보낼 특사를 세 명 뽑았어요.
바로 이상설, 이준, 이위종이에요.

헤이그 특사는 일본의 강제적인 침략을 세계에 알리고, 을사늑약의 무효를 주장하려고 했어요. 하지만 을사늑약 때문에 외교권을 잃은 대한 제국의 특사는 회의장에 들어갈 수조차 없었지요. 이준은 이 사실에 분을 이기지 못하고 순국하였고, 이상설과 이위종은 여러 나라의 외교관들과 기자들을 따로 만나 을사늑약의 부당함과 독립 의지를 소리 높여 말했어요. 이 사건으로 국제적 망신을 당한 일본은 고종을 황제 자리에서 강제로 물러나게 했어요.

* **특사**: 나라의 특별한 임무를 받아 외국에 가는 사람.
* **순국**: 나라를 위해 목숨을 바치는 일.
* **외교관**: 나라를 대표해서 외국을 상대로 나라와 나라 사이의 여러 문제를 해결하는 사람.

🔍 그림을 보고 헤이그 특사가 이동한 경로를 따라가 보세요.

헤이그 특사 사건을 이끈 이상설

이상설을 비롯한 3명의 헤이그 특사가 목적을 달성하지 못한 이유를 찾아보세요.

헤이그 특사들
왼쪽부터 이준, 이상설, 이위종

조국 광복은 이루었으니, 이제 합심하여 우리나라의 발전을 위해 노력하라!

돌아가신 후에 대한민국 정부는 이상설의 공로를 기려 건국훈장 대통령장을 주었대요.

모두가 한마음으로 을사늑약에 저항하다

을사늑약의 소식이 알려지자 일본에 대한 분노가 점점 커졌어요.
학생들은 등교를 거부하고 상인들은 가게 문을 닫으며 항의했어요.
좌의정(총리) 조병세와 참정대신(부총리) 민영환은 국민에게
독립의 의지를 절대 잃지 말라는 유서를 남긴 채 죽었어요.
소식을 들은 국민들은 더 힘을 모아 전국에서 의병을 일으켰어요.
이를 '을사의병'이라고 해요. 을사의병에는 최익현과 같은
양반뿐 아니라, 신돌석처럼 평민 출신의 의병 대장들도 있었어요.
신돌석이 이끈 의병 부대는 강원도, 경상도, 충청도를 중심으로
일본군을 무찔렀어요. 이때 신돌석은 '태백산 호랑이'라는
별명을 얻을 정도로 용맹했어요.
최익현은 일본에 체포되어 대마도로 끌려갔는데,
일본인이 준 음식은 입도 대지 않고 굶다가 결국 순국했어요.

전국 각지에서 의병이 일어난 이유를 찾아 읽어 보세요.

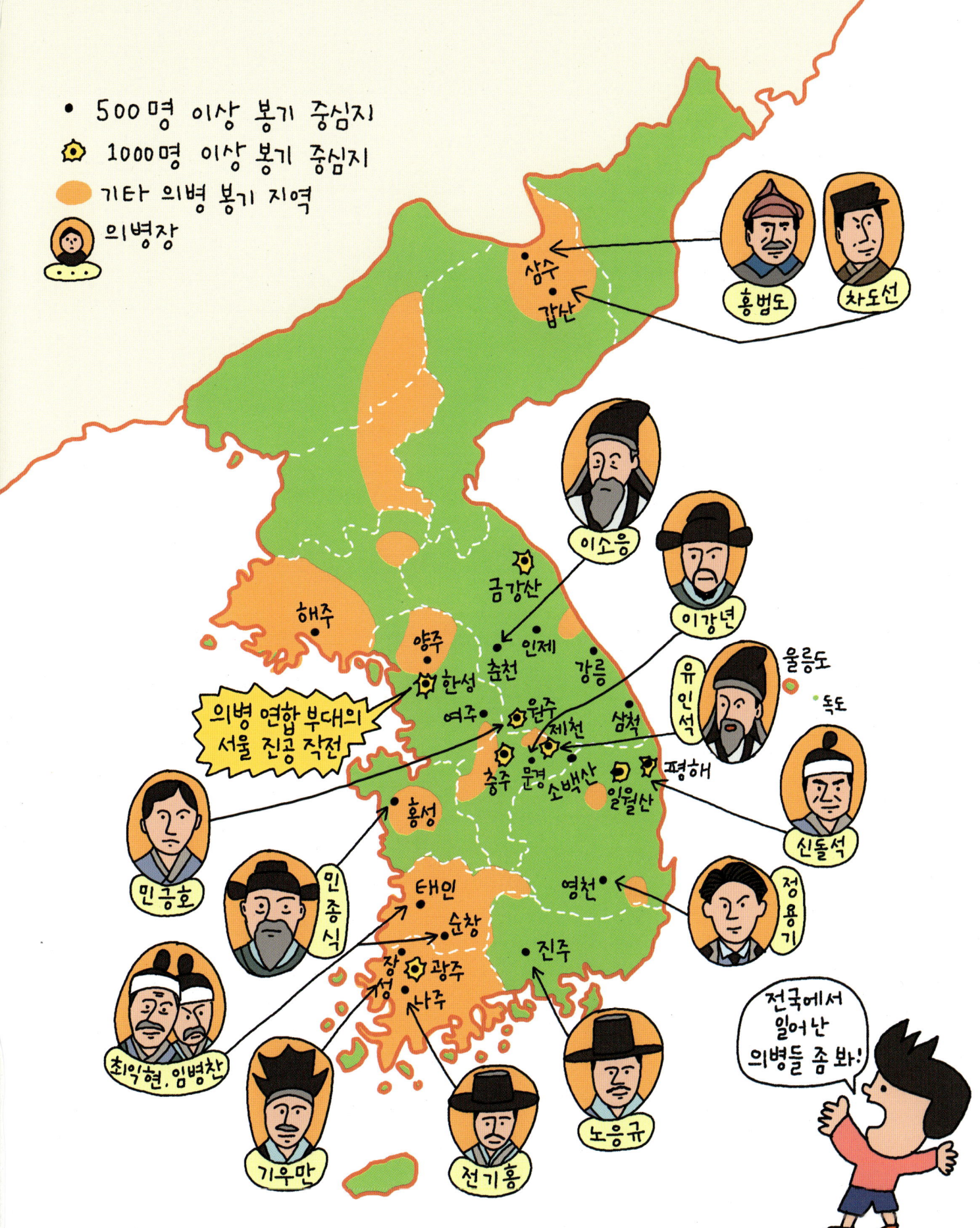

전국에서 일어난 의병, 일본에 맞서다

고종이 황제의 자리에서 물러난 뒤, 순종이 황제가 되었어요.
거칠 것 없는 일본은 대한 제국의 군대마저 없애 버렸어요.
분노한 군인들은 스스로 의병이 되었어요.
이때의 의병 활동을 정미의병이라고 합니다.
군인들이 의병에 참여하면서, 의병 부대가 더욱 강해졌어요.
훈련과 전투를 체계적으로 할 수 있었어요.
의병들은 함께 모여 일본에 맞서기로 했어요.
'13도 창의군'의 깃발 아래 전국에서 의병 1만여 명이 모였어요.
의병 운동에서 의병 전쟁이 된 거예요. 의병들은 힘을 모아 똘똘 뭉쳐
서울에 있는 일본군을 물리칠 계획을 세웠답니다. 위기감을 느낀 일본은
의병을 대대적으로 탄압했고, 수많은 의병이 죽거나 크게 다쳤어요.
의병들은 서울 진입에는 실패했지만 끝까지 포기하지 않았어요.
살아남은 의병들은 만주나 연해주로 옮겨가 항일 투쟁을 계속했어요.

* **정미의병**: 고종의 강제 퇴위와 군대 해산을 계기로 정미년인 1907년에 일어났으며, 1910년까지 활동함.
* **13도 창의군**: 전국에서 모인 의병들로 만들어진 연합 부대.
* **탄압**: 권력이나 무력 등으로 억지로 꼼짝 못 하게 함.

일본의 노예로 사느니, 차라리 죽겠소!

1907년, 영국의 기자였던 F. A. 매켄지가 쓴 『조선의 비극』이란 책에는
일본에 맞서 싸우던 우리 의병들의 모습이 생생히 기록되어 있어요.
의병 중에는 군인, 선비, 농민, 심지어 아주 어린 소년들도 있었어요.
그들은 일본의 노예로 사느니 차라리 죽는 것이 낫겠다며
일본에 당당히 맞서 싸웠어요.
대한 제국의 의병들은 무기도 형편없고, 옷도 다 낡아 보잘것없었지만,
나라를 지키기 위해 목숨을 아끼지 않은 용감한 사람들이에요.

✏️ 일본에 맞서 싸운 의병들은 어떤 사람들이었나요?
찾아서 밑줄을 그어 보세요.

나라를 위해 목숨 바쳐 싸운 의병들을 한 분 한 분 기억하자.

60대 선비

30대 지식인

50대 농민

20대 청년

70대 유학자

의병이 되기로 나선 사람들은 우리나라가 어려워진 이유를
일본이 무력을 앞세워 침략해 왔기 때문이라고 생각했어요.
의병들은 우리도 무력을 사용해 일본군을 무찔러야 한다고 주장했어요.
최익현, 이인영 등과 같은 양반과 선비들을 중심으로 활동하던 의병은
이후 군인들까지 함께하면서 조직적인 군대로 발전했어요.
의병들은 나라를 빼앗긴 후에도 독립군에 힘을 보태어
독립운동을 계속 이어갔어요.

*무력: 군인처럼 총과 칼 같은 무기를 써서 상대방을 제압하는 힘.

 ## 어떤 의병 활동이 있었을까?

- 원인: 명성 황후가 일본인들에게 시해됐기 때문에 일어났어요.
- 누가: 의병장은 양반, 유생들이 중심이었어요.
- 주장: 단발령을 취소하고 친일 관리를 몰아내고, 일본을 이 땅에서 쫓아내자!
- 결과: 고종이 해산 명령을 내렸어요.

- 원인: 을사늑약이 맺어졌기 때문에 일어났어요.
- 누가: 의병장은 양반, 유생뿐만 아니라 평민에서도 나왔어요.
- 주장: 을사늑약을 폐기하고, 국권을 회복하자!
- 결과: 당시 의병은 체계적인 조직이 아닌데다, 제대로 된 무기조차 없었어요. 게다가 훈련을 받지 않은 일반인들이 일본군에 대항하기란 쉽지 않았지요. 하지만 그들의 정신만은 '정미의병'으로 이어졌어요.

정미의병 1907

- **원인:** 고종이 황제 자리에서 물러나고 우리나라 군대를 해산시키는 등 일본의 탄압이 점점 더 거세졌기 때문에 일어났어요.
- **누가:** 의병장은 양반, 유생, 평민, 해산 군인 등 모든 계층에서 나왔어요.
- **결과:** 13도 창의군의 서울 진공 작전이 실패한 후 힘을 잃었어요.

수많은 의병들이 일본의 탄압에 다치거나 죽었어요.

살아남은 의병들은 만주나 연해주로 가서 항일 투쟁을 계속했어요.

대표적인 여성 의병, 윤희순

윤희순이 노래로 지은 의병가(8편)는 여성과 청년들에게 나라 사랑 정신을 일깨워 주었고, 경고문(4편)은 의병과 싸운 관군, 의병을 밀고한 사람들, 일본군을 꾸짖는 내용이에요.

독도를 당당히 지켜 낸 사람들

일본은 러일 전쟁을 준비하면서 독도가 중요한 곳임을 알게 되었어요.
그래서 1903년 군함을 보내 독도를 조사했어요. 동해로 들어오는
러시아 함대를 감시하기에 독도가 가장 좋은 위치였기 때문이에요.
1904년 러일 전쟁을 일으킨 일본은 대한 제국을 협박해
군사적으로 중요한 독도를 자기들 마음대로 했어요.
일본은 독도에 망루를 세우고 전기로 신호를 보내기 위한
해저 케이블을 깔았어요. 러시아와 싸워 이기려고 갖은 수를 쓴 거죠.
일본은 러일 전쟁에서 승리하자, 1905년 슬그머니 독도를
일본 땅이라고 발표했어요. 대한 제국은 항의했지만
곧바로 을사늑약이 맺어졌고, 일본에 강제로 외교권을 빼앗기자
누구도 대한 제국의 말을 들으려 하지 않았어요.
대한 제국은 독도를 일본에 빼앗겼어요. 독도를 되찾은 것은 광복 이후예요.
그런데 6·25 전쟁 때 일본이 또다시 독도를 차지하려 했어요.
일본은 독도가 자기네 땅이라는 푯말을 설치하고 순시선도 띄웠어요.
1953년 4월, 홍순칠 대장과 울릉도 청년 32명이 '독도 의용 수비대'를 만들어
일본에 맞섰어요. 수비대는 인원수도 적고 무기도 변변치 않았지만
일본 순시선과 총격전을 벌여 가며 끝내 독도를 지켜냈어요.
독도 의용 수비대의 뜻을 이어받아 1954년부터 대한민국 경찰인
독도 경비대가 독도를 지키고 있답니다.

* **망루**: 적이나 주위의 동정을 살피기 위하여 높이 지은 다락집.
* **순시선**: 바다를 돌아다니며 나라의 안전을 지키는 배.

독도는 우리 땅
(작사·작곡 박인호. 2017년 가사 바뀜)

울릉도 동남쪽 뱃길따라 87K(팔칠케이)
외로운 섬하나 새들의 고향
그 누가 아무리 자기네 땅이라고 우겨도
독도는 우리땅(우리땅)

경상북도 울릉군 울릉읍 독도리
동경 132(백삼십이) 북위 37(삼십칠)
평균기온 13도(십삼도) 강수량은 1800(천팔백)
독도는 우리땅(우리땅)

오징어 꼴뚜기 대구 홍합 따개비
주민등록 최종덕 이장 김성도
십구만 평방미터 799(칠구구)에 805(팔공오)
독도는 우리땅(우리땅)

지증왕 13년(십삼년) 섬나라 우산국
세종실록지리지 강원도 울진현
하와이는 미국땅 대마도는 조선땅
독도는 우리땅(우리땅)

러일전쟁 직후에 임자 없는 섬이라고
억지로 우기면 정말 곤란해
신라장군 이사부 지하에서 웃는다
독도는 우리땅(우리땅)

독도 경비대

보면 볼수록 탐나는 섬이야.

 # 간도를 되찾을 수 없는 대한 제국

숙종 때 세워진 백두산정계비는 청나라와 조선의 땅을 구분 짓는 국경선을 분명하게 밝혀 둔 비석이에요.
그 비석에는 토문강의 동쪽이 우리 땅이라고 적혀 있어요.
그리고 간도는 토문강과 연결된 송화강 동쪽에 자리 잡고 있지요.
지금의 두만강 북쪽 지역이에요.
대한 제국 정부는 간도에 관리를 직접 보내서 간도가 우리 땅임을 확인하고, 간도 지역의 우리 백성들을 챙기도록 했어요.
하지만 을사늑약 후 상황이 달라졌어요. 일본이 남만주 철도를 세울 권리를 차지하기 위해 청나라에 간도를 넘겨주었기 때문이에요.
외교권을 빼앗긴 대한 제국은 간도를 되찾을 수 없었어요.

＊**국경선**: 붙어 있는 두 나라의 영역을 구분 짓는 경계선.

안중근 의사는 1879년 황해도에서 태어났어요. 젊은 시절부터 학교를 만들어 교육에 힘썼고, 을사늑약 이후에는 직접 사람들을 모아 300여 명의 의병을 이끌었지요.

그러던 중에 안중근 의사는 1909년 10월 26일, 일본의 이토 히로부미가 러시아 장관과 만나기 위해 만주 하얼빈에 방문한다는 소식을 전해 듣고 그를 처단할 계획을 세웠어요.

이토 히로부미는 을사늑약의 체결을 이끈, 우리 민족의 커다란 적이지요.
안중근은 하얼빈역으로 가서, 기차에서 내린 이토 히로부미의 가슴에 정확히 총을 명중시켜 그를 처단하였어요.

 안중근 의사를 도운 사람들

이토 히로부미가 만주에 온다는 소식을 들은 안중근 의사는
뜻을 같이하는 사람들의 도움을 받아 계획을 세웠어요.
그 사람들이 바로 우덕순, 유동하, 조도선이에요.
이토 히로부미가 하얼빈에 올 때 타고 오는 열차가 정차할 역이
두 곳으로 예상되자, 우덕순과 조도선에게 지야이지스고역을 맡기고,
안중근 의사는 하얼빈역을 맡았어요.
유동하는 하얼빈에 남아 다른 일행을 지원하는 일을 했어요.
또 외국에서 살고 있던 최재형은 안중근 의사의 계획이 성공할 수 있도록
경제적인 지원을 했어요. 나라를 지키고자 함께한 사람들의 도움으로
안중근 의사는 1909년 10월, 이토 히로부미를 처단했어요.
이 일을 안중근 의거라고 해요.

* **의거**: 정의를 지키기 위해 행동으로 보여 주는 일.

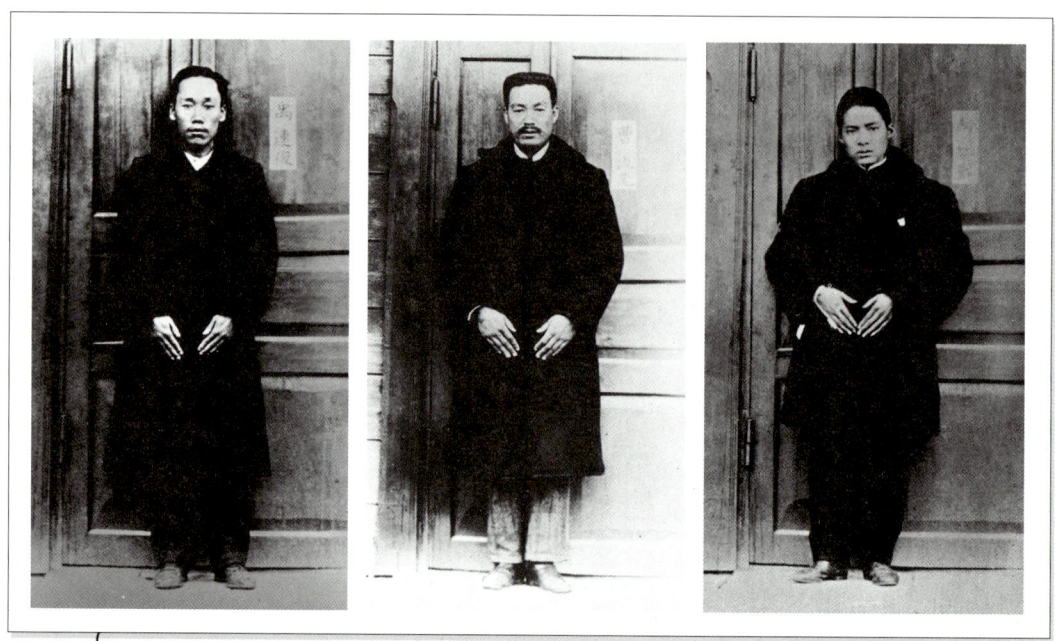

안중근 의거에 함께한 우덕순, 조도선, 유동하

'의사'와 '열사'의 차이는 무엇일까요?

의사와 열사 모두 나라와 민족을 위해 굳세게 저항한 사람을 뜻하는 말이에요.

그런데 의사와 열사는 자신의 생각과 의지를 표현하는 방법이 달라요.

먼저 '의사'는 무력을 쓰는 등 직접적인 행동으로 맞서 싸운 사람이에요.

우리 민족을 배신한 사람을 처단하거나, 적의 대장을 죽이고, 적들이 모인

건물을 폭파하는 등 직접적인 행동을 하는 사람을 말해요.

안중근 의사나 윤봉길 의사 등이 여기에 속해요.

'열사'는 맨몸으로 나라를 향한 절의를 굳게 지키며 싸운 사람이에요.

적에게 강력하게 항의하는 뜻을 펼치고자 스스로 목숨을 끊거나,

어떤 고문에도 굴하지 않고 나라를 위해 절개를 지킨 사람들이지요.

이준 열사, 유관순 열사 등이 여기에 속해요.

* **절의**: 신념을 굽히지 않는 절개와 마땅히 지켜야 할 바른 도리.

'의사'와 '열사'의 공통점과 차이점을 각각 말해 보세요.

단원 정리

 역사 용어

- ☑ **열사**
  맨몸으로 나라를 향한 절의를 지키며 싸운 사람. 적에게 항의하는 뜻으로 스스로 목숨을 끊거나, 어떤 고문에도 굴하지 않음.

- ☑ **의사**
  무력을 쓰는 등 직접적인 행동으로 맞서 싸운 사람. 우리 민족을 배신한 사람을 처단하거나, 적의 대장을 죽이는 등 직접적인 행동을 함.

- ☑ **의병**
  외부의 침입을 막기 위해 백성들이 자발적으로 조직한 군대.

- ☑ **의거**
  정의를 지키기 위해 행동으로 보여 주는 일.

- ☑ **조약과 늑약**
  조약은 국가와 국가 사이의 합법적인 약속. 늑약은 한 나라에 의해 강제로 체결된 조약.

역사 인물 만나다

을사오적
을사늑약에 앞장선 다섯 명을 말함.
외부대신 박제순, 학부대신 이완용, 내부대신 이지용, 군부대신 이근택, 농상부대신 권중현.

헐버트
육영 공원에서 외국어를 가르친 미국 선교사이자 교육자. 한국의 독립을 위해 평생을 노력한 독립운동가.

이상설
헤이그 특사로 활동함. 영어, 프랑스어, 러시아어에 뛰어난 외교관. 특사 활동이 실패한 후 고국으로 돌아가지 못한 채 러시아에서 생을 마침.

민영환
조선 말기의 문신, 독립운동가. 일본에 맞서다 관직에서 쫓겨났지만 을사늑약 후 관리로서 책임을 지기 위해 유서를 남기고 목숨을 끊음.

 역사 생각

러일 전쟁이 끝난 후 대한 제국은 어떻게 되었나요?
청나라와 러시아는 일본에게 패하고, 미국과 영국은 일본과 비밀 협약, 동맹을 맺었어요. 대한 제국은 홀로 일본에 맞서다가 결국 일본에 나라를 빼앗겼어요.

을사오적에 맞선 사람은 누구인가요?
한규설이라는 사람이 을사오적에 끝까지 맞섰어요. 그는 을사늑약을 끝까지 반대한 유일한 인물이에요.

만국 평화 회의에서 고종의 특사를 외면한 이유는 무엇인가요?
만국 평화 회의는 실제로 강대국들이 모여 자신들의 이익을 위해 회의하는 자리였어요. 그들은 같은 강대국인 일본 편을 드느라 고종의 특사를 외면한 거예요.

 **가 다** 역사 장소

덕수궁 중명전
을사늑약이 일어난 장소이자, 고종이 헤이그 특사를 선발한 곳. 궁궐의 도서관으로 지었다가 고종의 집무실로도 사용된 곳.

안중근의사기념관
안중근 의사의 일생과 활약을 전시한 곳. 서울 남산 백범광장 위에 있음.

보 다 역사 유물

안중근 의사 유묵
안중근 의사가 감옥에 있을 때 쓴 글로 "하루라도 책을 읽지 않으면 입에 가시가 돋는다"라는 뜻. 안중근 의사가 생전에 남긴 글씨와 그림(유묵)은 현재 한국과 일본 등에 200여 점이 있음.

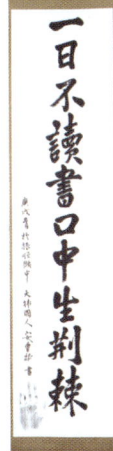

확인하기

01 다음에서 설명하는 사람이 누구인지 그 이름을 써 보세요.

☐ ☐ ☐

> 1) 을사늑약 후 직접 사람들을 모아 의병을 이끌었음.
> 2) 우덕순, 유동하, 조도선의 도움을 받아 이토 히로부미를 하얼빈 역에서 처단함.
> 3) 재판정에서 이토 히로부미가 저지른 여러 가지 죄를 용기 있게 말함.

02 독도에 관한 설명으로 옳지 않은 것은 무엇인가요?

① 조선 시대 때 안용복이 일본에 가서 독도가 우리 영토임을 확인받았다.
② 청일 전쟁 후 일본은 독도를 강제로 자신의 영토로 만들었다.
③ 1953년 '독도 의용 수비대'가 일본 순시선과 총격전 끝에 독도를 지켰다.
④ 현재 독도에는 대한민국 경찰인 독도 경비대가 있다.

03 다음을 보고 서로 관련 있는 것끼리 연결하세요.

㉠ 을미의병 •　　　　• ① 군대 해산, 13도 창의군

㉡ 을사의병 •　　　　• ② 을사늑약, 평민 의병장

㉢ 정미의병 •　　　　• ③ 명성 황후 시해, 단발령

풀이 | 01 안중근 02 ② 03 ㉠-③, ㉡-②, ㉢-①

4장
싸우는 것도, 아는 것도 나라를 지키는 힘!

사람들은 우리나라가 서양처럼 과학과 지식이 발달하고
나라를 지킬 힘이 셌다면 강대국들에게 많은 것을 빼앗기는 일도,
일본에게 힘없이 외교권을 빼앗기는 일도 없었을 거라고 생각했어요.
그래서 나라의 힘을 키우기 위해 부단히 노력했어요.
어떤 활동들을 했는지 알아볼까요?

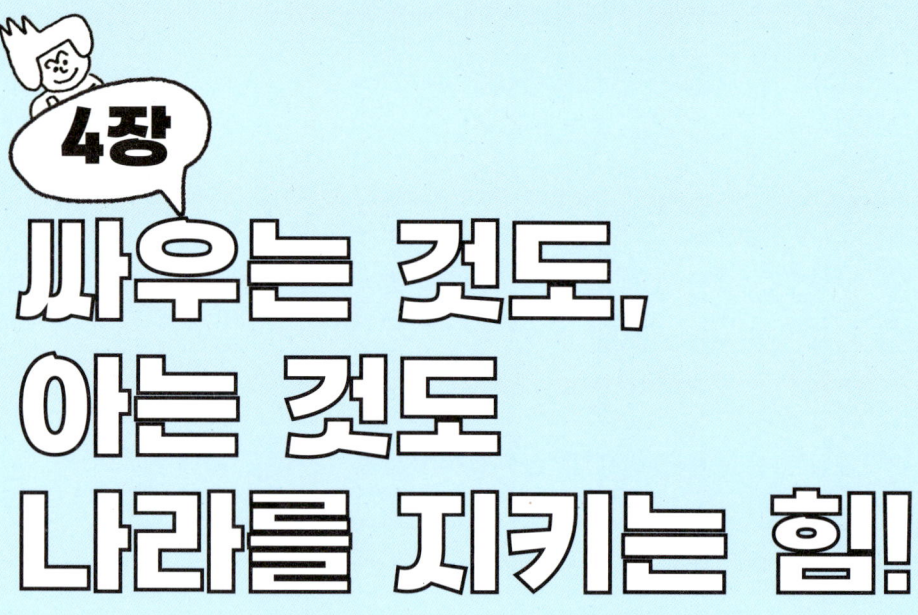

1904년
· 보안회를 세움.
· 《대한매일신보》가 창간됨.

1905년
동학 3대 교주 손병희,
동학에서 천도교로 이름을 바꿈.

1906년
대한 자강회를 세움.

1907년
· 신민회를 세움.
· 평안북도 정주에 오산학교를 세움.
· 대구에서 국채 보상 운동이 시작됨.

1908년
안창호, 평양에 대성학교를 세움.

1909년
나철, 단군교를 새로 세움.
(이듬해 대종교로 이름을 바꿈.)

1910년
한용운, 백담사에서 불교 개혁 방안을 담은 『조선 불교 유신론』을 완성함.

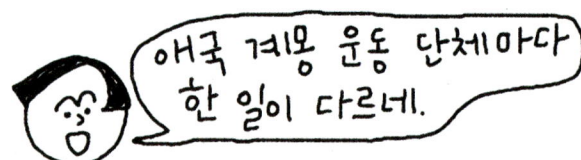

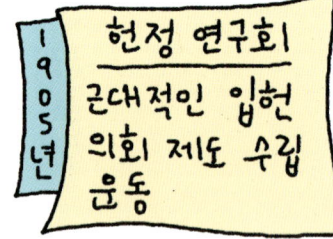
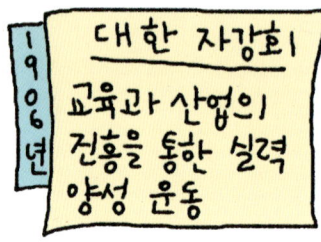

 애국 계몽 운동을 벌이다

일본으로부터 나라를 지키려면 우리 민족의 실력과 힘을
길러야 한다고 생각한 사람들이 많았어요. 그래서 학교를 세워
사람들을 가르치고, 신문을 만들어 국민을 일깨우는 등
민족의 힘과 실력을 키워 국권을 회복하기 위해 노력했어요.
이렇게 펼친 활동을 '애국 계몽 운동'이라고 해요.
보안회, 대한 자강회, 신민회 등의 단체들이 앞장섰어요.
그 밖에도 애국 계몽 운동에 참여한 학회가 여럿이었어요.
각 지역을 중심으로 한 서북 학회, 관동 학회, 영남 학회 등이에요.

*계몽: 사람을 가르쳐 깨우침.
*학회: 학문 등을 연구하고 발전시키기 위해 공부하는 사람들의 모임.

학교를 세우고 신문을 발간하는 등 국권을 회복하기 위한 활동을
무엇이라고 하는지 찾아서 동그라미 해 보세요.

독립운동이 우선이라고 생각한 사람들

애국 계몽 운동을 실천할 때 독립운동이 가장 중요하다고
주장했던 사람들이 있어요. 그들은 우리 문화와 역사에 대해
커다란 긍지를 지니고 있었어요.
그래서 개혁을 하되 우리 것을 지키고, 유교 같은 전통적인 사상도
시대에 맞게 개혁하고 계승해야 한다고 주장했지요.
또한 일본의 무자비한 조선 침략 정책을 폭로하는 한편, 민족주의를 강조했어요.
대표적인 단체가 '신민회'예요.
이 같은 민족주의자들은 일본이 독립운동을 점점 더 방해하자,
우리나라를 떠나 해외에 가서 독립운동을 이어갔답니다.

* **민족주의**: 민족의 독립과 통일을 가장 중시하는 사상.

독립운동을 중요하게 여기고 민족주의를 강조한 애국 계몽 운동의 단체 이름을 찾아 읽어 보세요.

신민회 창립 기념사진

많은 분들이 모였네.

친일파로 변해 가는 사람들

한편, 애국 계몽을 위해서는 독립운동보다 '근대화'가 먼저라고 생각하는 사람들이 있었어요. 그들은 일본이 성공적인 근대화 정책으로 부국강병을 이룩한 것을 보고, 우리나라도 서양식 근대화로 나가는 것이 나라를 지킬 수 있는 가장 빠른 방법이라고 생각했어요.
새로운 서양 사상과 문물을 받아들여 나라를 발전시키는 것이 우선이라고 생각했던 사람들 중에는 일본의 지배가 근대화를 앞당길 수 있는 좋은 기회라고 생각한 이들도 있었어요.
일본의 힘을 빌려 더 빠르게 성장할 수 있다고 판단한 것이지요.
결국 이렇게 생각한 사람 중에 많은 이들이 점점 친일 단체로 변했어요.
원래의 목적을 잃은 채 나라를 배신하고 일본 편에 선 거예요.
'일진회'는 대표적인 친일파 단체예요.

* **근대화**: 왕이 다스리는 봉건 사회에서 근대 사회로 변화하는 것.

* **부국강병**: 나라를 부유하게 만들고 군대를 강하게 함.

* **친일 단체**: 우리나라 사람이면서도 자신의 이익만을 위해 일본 편에 서서 독립운동을 방해한 사람들.

친일 단체들이 독립운동보다 중요하게 생각한 것을 말해 보세요.

동지가 적으로 바뀌다니!

 # 교육으로 나라를 구하자

우리 민족은 을사늑약을 겪으면서 근대 교육의 필요성을
절실하게 깨달았어요. 나라를 바로 세우기 위해서는
똑똑하고 올바른 인재를 길러 내는 일이 중요하니까요.
그 결과 을사늑약 후 4년 만에 전국에 사립 학교 3천여 개가 세워졌어요.
대표적으로 보성, 양정, 휘문, 대성, 오산, 진명, 숙명 등의 학교가 있어요.
일본은 우리나라 사람들이 똑똑해지는 것이 불편하고 두려웠어요.
그래서 학교에서 가르칠 내용을 일본 마음대로 정하고,
여러 학교를 없애 버렸답니다.

✏️ 일본은 왜 우리나라 사람들이 똑똑해지는 것을 두려워했을까요?
이유를 찾아 밑줄을 그어 보세요.

# 신문을 보고 세상을 배우자

이 시기에 다양한 신문도 발간되었어요.
《황성신문》은 을사늑약의 부당함을 널리 알렸고,
《제국신문》은 평민이나 여자들도 읽을 수 있도록 기사를 한글로 썼어요.
또 《대한매일신보》는 영국인을 사장으로 내세워 신문을 발간했어요.
《대한매일신보》는 다른 신문들보다 더 자유롭게 일본을 비판할 수 있었어요.
영국과 동맹을 맺은 일본이 영국인을 함부로 대할 수 없었기 때문이에요.

***발간**: 책, 신문, 잡지 따위를 만들어 냄.

종교 생활도 나라를 지키기 위해!

여러 종교들도 나라를 지키는 데 앞장섰어요.
서재필, 이승만, 안창호 같은 기독교 지식인들은 근대화 운동과 독립운동을
활발히 전개하였어요. 천도교의 지도자인 손병희는 일진회 같은
친일파의 친일 활동을 막고자 노력했어요. 유교도 시대에 맞게 평등한 모습으로
발전하고자 애썼답니다. 한용운은 그 당시 불교가 갖고 있던
문제점을 지적하면서 민족을 위해 새로운 불교로 나가자고
주장했어요. 나철은 단군을 섬기는 새로운 종교, '대종교'를 만들었어요.
특히 해외 독립운동가들이 대종교에 많이 의지했어요.
이 같은 종교인들의 애국 활동을 일본이 가만둘 리 없었어요.
일본은 친일 종교 단체들을 만들어서 방해했어요.

🔍 그림을 보면서 각 종교인들이 나라를 위해 어떤 일을 했는지 말해 보세요.

나라의 빚은 우리가 갚겠다

대한 제국은 일본에 1,300만 원을 빚졌어요.
일본이 대한 제국의 일에 간섭하기 위해 일부러 빌려준 돈이에요.
그 돈은 대한 제국 정부의 1년 예산에 가까운 큰 금액이었어요.
시간이 갈수록 일본은 대한 제국에 더 많이 간섭을 했어요.
대구의 민족 운동가 서상돈은 산더미처럼 불어난 나라의 빚을
빨리 갚아 일본의 간섭에서 벗어나야 한다고 생각했어요.
그는 담배 살 돈을 모아 나라를 구하고 건강도 지키자며 사람들을
설득했어요. 이렇게 시작된 국채 보상 운동은 전국으로 퍼졌어요.
특히 《대한매일신보》가 앞장서서 이 소식을 전하고
기부금도 모았어요. 고종 황제를 비롯해 많은 백성들이
저마다 모금 운동에 참여했어요. 하지만 국채 보상 운동은
일본의 방해로 실패하고 말았어요.

＊**국채 보상**: 한 나라가 다른 나라에 빌린 돈을 갚는다는 뜻.

백성들이 국채 보상 운동에 참여하며
실천한 일을 말해 보세요.

우리말, 우리글, 우리 역사

일본의 간섭이 심해질수록 사람들은 우리말, 우리글을 더 소중히 여겼어요.
우리말, 우리글, 우리 역사가 민족의 혼이라 생각했기 때문이에요.
주시경과 지석영을 중심으로 한 국문 연구소에서는 국어를 연구했고,
역사 연구자 신채호는 을지문덕이나 이순신 장군 같은
영웅들의 위인전을 써서 사람들의 애국심을 높이고자 노력했지요.
주시경은 서당에서 한문을 공부하면서 우리말에 관심을 가지게 되었어요.
쉬운 우리말을 두고 왜 한문을 가르치는지 이해가 되지 않았기 때문이에요.
그 후, 주시경은 서재필이 이끄는 독립 협회에서 《독립신문》 펴내는 일을
돕기 시작했어요. 모든 사람들이 쉽고 편하게 신문을 읽을 수 있도록
한글 맞춤법을 정리하고 연구했어요.

또한 일본의 침략에 맞서 여러 학교를 돌며 학생들에게 한글을
가르치는 데 힘썼어요. 보따리에 수많은 책을 넣고 이 학교 저 학교를
돌아다녀서 '주보따리'라는 별명이 붙었을 정도였으니까요.
주시경은 우리말의 문법을 최초로 정립했어요.
그는 세종 대왕이 만든 훈민정음을 시대에 맞게 발전시켜,
오늘날 우리가 매일 쓰고 있는 한글을 만들었지요.
우리 말과 글이 나라를 지킬 수 있다는 굳센 믿음으로, 한글 발전에
평생을 바쳤답니다.

* **정립**: 바로 세움.

그림을 보면서 신채호, 지석영, 주시경이 우리말과 우리글을 위해 한 일을 찾아보세요.

독립운동을 위해 나라 밖으로

을사늑약 이후 일본의 간섭과 압박이 더욱 심해지자,
국내에서는 도저히 독립운동을 이어가기가 어려웠어요.
국내에서 계몽 운동에 힘써 왔던 신민회는 해외에 독립운동 기지를
세우기로 했어요. 신민회 회원들은 서간도의 독립운동 기지인 삼원보에
'신흥 무관 학교'를 세우고 10년에 걸쳐 약 3천 명의 독립군을 길렀어요.
이들은 이후 독립운동에서 큰 활약을 하게 되지요.
북간도에는 명동촌이 생겼어요. 명동학교와 명동여학교가 생기며
민족 교육 운동의 중심지가 되었어요. 시인 윤동주, 영화감독 나운규 등
수많은 민족 운동가가 나왔어요.
연해주에는 10만 명이 넘는 한인들이 이주했어요.
특히 유인석, 홍범도 등 의병 대장들이 연해주로 가서 독립운동을 이끌었어요.
이들의 노력으로 간도와 연해주 일대에 독립운동 기지가 생겼어요.

***기지**: 사람들이 모여 생활하며 훈련하고 작전을 짜는 등 활동의 근거지가 되는 곳.

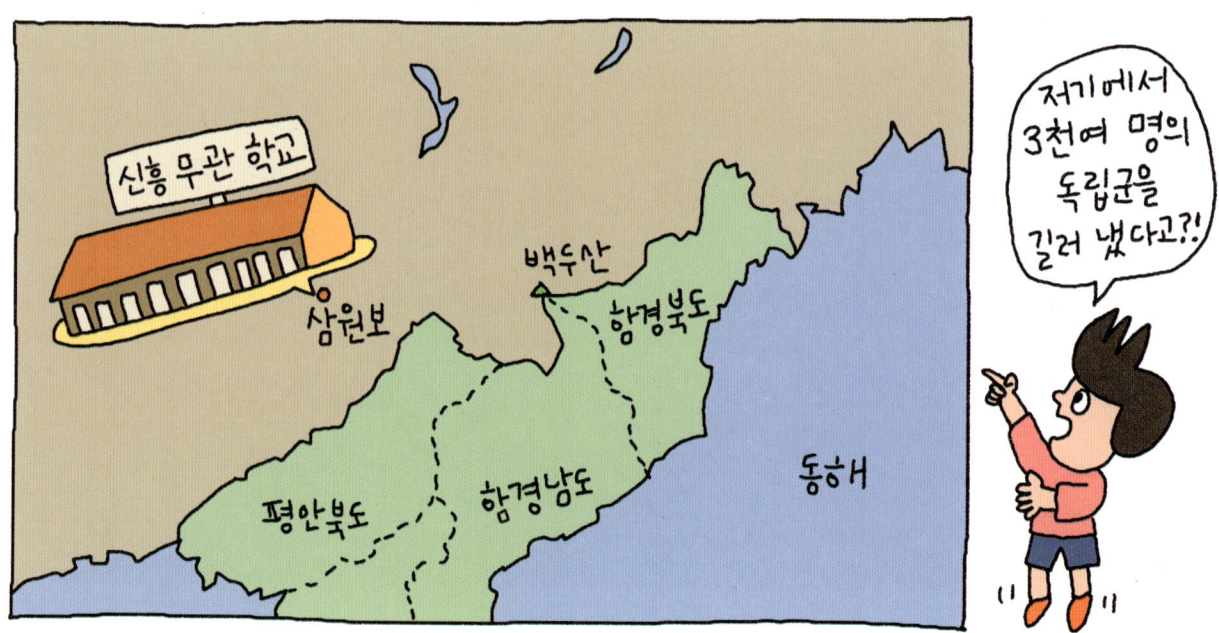

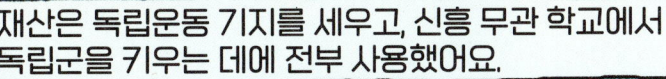

단원 정리

알다 — 역사 용어

- **국권 회복**
  잃어버린 국가의 주권(주인된 권리)을 되찾는 일.

- **탄압**
  권세나 힘으로 눌러 꼼짝 못하게 하는 일.

- **부국강병**
  나라의 경제력을 넉넉히 하고 군사력을 튼튼히 하는 일.

- **사상**
  세상을 바라보는 생각.

- **애국심**
  나라를 사랑하는 마음.

역사 인물 만나다

- **서상돈**
  독립 협회에서 활동했으며, 국채 보상 운동을 처음 시작한 인물.

- **손병희**
  동학의 이름을 천도교로 바꾼 천도교의 3대 지도자이자 보성 학교, 동덕 여학교를 인수하며 민족 교육 운동을 한 교육자이며 3·1 운동을 이끈 민족 지도자.

- **한용운**
  승려, 독립운동가, 시인. 불교 개혁 운동에 앞장섰으며 손병희와 함께 3·1 운동을 이끌었음.

- **나철**
  단군을 섬기는 대종교를 만들고 많은 독립운동가를 길러 냄.

역사 생각 궁금하다!

대표적인 친일파는 누가 있나요?
일진회를 만들어 적극적으로 일본을 도운 송병준과 이용구, 우리나라가 일본의 식민지가 되는 데 앞장선 민영휘, 조중응 등이 대표적이에요.

신민회의 '신민'은 무슨 뜻인가요?
왕의 명령을 따르는 국민이 아니라, 스스로 주인이 되어 문제를 해결하는 '새로운 국민'을 말해요.

일본은 국채 보상 운동을 막기 위해 어떻게 했나요?
국채 보상 운동에 앞장서고 기부금을 관리하는 양기탁에게 돈을 빼돌렸다는 누명을 씌웠어요. 재판에서 무죄가 되었지만 그사이 국채 보상 운동은 일본이 원하는 대로 흐지부지되고 말았어요.

가다 역사 장소

식민지역사박물관
일제 강점기 동안 일본과 친일파가 저지른 잘못과 항일 투쟁의 역사를 전시하고 기억하는 박물관.

 **양화진 외국인 선교사 묘원**
서울 지하철 2호선 합정역 인근에 있는 외국인 공동묘지. 우리나라를 위해 일했던 헐버트, 베델, 알렌, 언더우드, 아펜젤러 등이 묻혀 있음.

국채 보상 운동 기념관
국채 보상 운동에 앞장섰던 서상돈을 기리고, 국채 보상 운동의 과정을 보여 주는 기념관.

보다 역사 유물

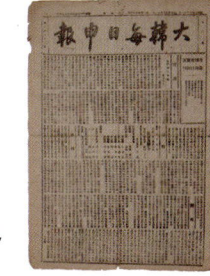

대한매일신보
1904년부터 1910년까지 베델, 양기탁 등에 의해 발간된 신문.

국채 보상 운동 기록물(국채 보상 운동 통문 및 운동)
국채 보상 운동의 전 과정을 보여 주는 2,475건의 문서로서 2017년 유네스코 세계 기록 유산에 등재됨.

확인하기

01 다음 중 독립운동 단체가 아닌 것은 무엇일까요?
① 일진회   ② 신민회
③ 보안회   ④ 대한 자강회

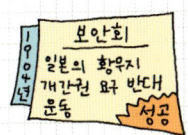
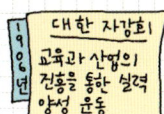 

02 애국 계몽 운동에 대한 설명으로 바르게 말한 어린이는 누구인가요?
① 다윤: 을사늑약 이후 우리는 학교를 만들 수 없었어.
② 민호: 일본의 잘못을 이야기할 수 있는 신문사도 없었지.
③ 시윤: 국채 보상 운동이 성공해 일본에 진 빚을 다 갚았어.
④ 현서: 나라의 힘을 키워 국권을 회복하기 위한 여러 활동이야.

03 종교 지도자와 종교를 알맞게 이어 보세요.

㉠ 손병희 ● ● ① 불교

㉡ 한용운 ● ● ② 천도교

㉢ 나 철 ● ● ③ 대종교

풀이 | 01 ① 02 ④ 03 ㉠-②, ㉡-①, ㉢-③

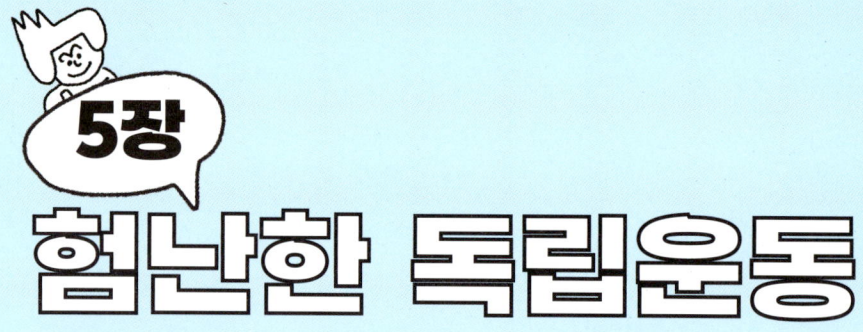

5장 험난한 독립운동

일본의 탄압은 날이 갈수록 심해졌어요.
우리 민족은 총칼로 목숨을 위협당하며 어렵게 살아갔어요.
독립운동가들은 갈수록 국내에서 독립운동을 하기가 어려워졌지요.
그들은 나라 밖으로 나가서 나라의 독립을 위해 싸웠어요.
독립운동 기지를 세우고, 만세 운동을 펼치고,
대한민국 임시 정부를 세웠지요.
그러나 일본은 탄압과 감시의 강도를 더욱 세게 했고,
친일파를 내세워 우리 민족을 이간질했어요.
이 어려운 상황에서도 독립운동은 계속되었어요.

1910년
· 국권을 일본에 빼앗김(경술국치).
· 안창호, 미국에서 대한인 국민회를 결성함.

1912년
임병찬, 고종의 명으로 독립 의군부를 조직함.

1914년
· 1차 세계 대전이 일어남.
· 박용만, 하와이에서 독립군 사관학교를 설립함.

1915년
박상진, 대한 광복회를 조직함.

1918년
· 1차 세계 대전이 끝남.
· 미국 대통령 윌슨, '민족 자결 주의'를 발표함.

1919년
· 3·1 운동이 일어남.
· 대한민국 임시 정부가 수립됨.
· 독립군 부대가 창설됨.
(서로 군정서, 북로 군정서, 대한 독립군)

1차 세계 대전 속에서 우리나라는

일본에게 나라를 빼앗긴 지 얼마 지나지 않아 유럽에서
큰 전쟁이 일어났어요. 1차 세계 대전이 일어난 거예요.
1914년 7월부터 1918년 11월까지 계속된 1차 세계 대전은
유럽의 힘센 나라들이 서로 식민지를 더 차지하려고
경쟁하면서 벌어졌어요. 일본이 우리나라를 식민지로 차지한 것처럼
남의 나라를 식민지로 삼으려고 전쟁을 일으킨 거예요.
이 전쟁으로 세계 여러 나라 사람들이 엄청난 고통을 받았어요.

1차 세계 대전의 시작은 오스트리아와 세르비아 간의 다툼이었어요.
그런데 독일이 오스트리아를 돕고, 러시아가 세르비아를 도우며
전쟁이 더욱 커졌어요. 이후 동맹국(독일, 오스트리아, 오스만 제국 등)과
연합국(미국, 영국, 프랑스, 러시아, 일본 등)으로 나뉘어
4년 동안 싸운 끝에 연합국의 승리로 끝이 났어요.
그 결과 전쟁에서 진 동맹국의 식민지들은 자연스럽게
독립했지만, 승리한 연합국의 식민지는
독립하지 못했어요.
일본의 식민지인 우리나라 역시 독립이 되지 않았어요.
하지만 우리나라는 좌절하지 않았어요.
오히려 독립을 스스로 이루기 위해 노력했어요.

＊**식민지**: 다른 나라에 주권을 빼앗긴 나라.

그림을 보면서 1차 세계 대전이 일어난 과정을 생각해 보세요.

일본이 총칼로 위협하고 탄압하다

1910년, 조선을 식민지로 삼은 일본은 우리나라를 지배하기 위해
'조선 총독부'라는 기관을 세웠어요.
조선 총독부는 총과 칼을 찬 군인들을 경찰로 두고 조선 사람들을 위협했어요.
그들은 사람들이 겁에 질린 틈을 타서 조선을 마음대로 다스렸지요.
일본 경찰은 마음에 들지 않는 사람들을 매질로 벌했고,
학교 선생님들까지 허리에 칼을 차고 수업하도록 했답니다.
또한 일본은 우리나라의 토지를 조사한다는 핑계로 우리 땅을 빼앗았어요.
그리고 그 땅에서 일본 사람들이 살 수 있도록 했지요.
조선 땅에서 오직 일본 사람들만을 위한 정책을 펼쳤답니다.

> 당시 일본이 조선 사람들에게 한 일을 그림에서 찾아보고,
> 사람들의 마음이 어떠했을지 상상해서 말해 보세요.

광화문에 있던 조선 총독부 건물은 1995년 철거되었어.

그리운 나라를 떠나 독립운동을 펼치다

일본의 방해 때문에 우리나라에서 독립운동을 하기가 점점 어려워졌어요.
그런 가운데 고종의 밀명을 받은 임병찬이 독립 의군부를 만들고, 박상진이
대한 광복회를 만들어 몰래 활동했지만 결국 일본에 붙잡히고 말았어요.
일본은 국내 독립운동 단체를 모두 찾아내기 위해 눈에 불을 켜고 다녔어요.
그래서 사람들은 일본의 힘이 미치지 않는 해외로 나가 독립운동을 했어요.
돈을 모아 해외에 넓은 땅을 사고 독립운동 기지를 세웠지요. 만주, 연해주 등에
세운 독립운동 기지에서는 학교를 만들고, 독립군을 길렀으며, 농사를 지어
식량도 마련했어요. 일본의 눈을 피해 독립 전쟁을 준비했던 것이지요.
대표적인 독립군 부대에는 김좌진 장군의 북로 군정서, 홍범도 장군의
대한 독립군 등이 있었답니다. 하와이와 미국 본토로 건너간 사람도 많았어요.
이승만은 미국의 여러 한인 독립운동 단체를 모아 구미 위원부를,
안창호는 대한인 국민회를 만들었어요.
박용만은 하와이에서 독립군 사관학교를 만들었어요.

* **밀명**: 남모르게 명령을 내림.

독립운동가들이 우리나라에서 독립운동을 하지 못한 이유를 찾아 밑줄을 그어 보세요.

전국에서 독립 만세 운동이 일어나다

국내에서 하는 독립운동은 더 이상 불가능해 보였어요.
하지만 10년간 일본의 탄압에 지친 사람들은 모두 한마음으로 기회만
보고 있었어요. 1차 세계 대전이 끝날 무렵, 때마침 미국 대통령 윌슨이
'민족 자결 주의'를 발표했어요. 이는 '민족은 민족의 미래를 스스로
결정할 수 있다'는 주장으로, 우리와 같은 약소국도 독립할 수 있다는
희망을 주었어요. 여기서 말하는 '약소국'이란 미국과 전쟁 중인
동맹국의 식민지들을 말해요. 독립운동가들은 이 기회를 놓치지 않았어요.
상하이에서 활동하던 독립운동가들이 일본과 국내로 사람을 보내
이 소식을 전했어요. 1919년 2월 8일, 일본에서 유학하던 유학생들이 먼저
일본 땅에서 우리나라의 독립을 외쳤어요. 국내에서도 천도교, 기독교,
불교의 민족 대표 33인이 독립 선언서를 만들어 독립을 외쳤어요.
드디어 3월 1일, 서울 태화관과 탑골공원에서
독립 선언서가 낭독되고 만세 소리가 울려 퍼졌어요.
같은 날 평양 등 북쪽의 6개 도시에서도 만세 소리가 하늘을 찔렀어요.
일제 강점기에 일어난 가장 큰 민족 운동인
3·1 운동이 시작된 거예요.

* **약소국**: 정치, 경제, 군사적으로 힘이 약한 작은 나라.

아우내 독립 만세 운동 기념 공원
아우내에서 독립 만세 운동이 시작된 곳.

아우내 독립 만세 운동 기념 조형물
독립을 위해 만세를 불렀던 곳을 기념하기 위해 만세 운동 조형물을 세움.

전 세계에 보여 준 3·1 운동 정신

3·1 운동은 3개월에 걸쳐 전국 방방곡곡으로 퍼져 나갔어요.
수백 개 도시에서 수백만 명이 만세를 외쳤지요.
놀란 일본이 총칼로 막았지만 우리 민족의 소망을 꺾을 수는 없었어요.
비록 독립을 바로 이루지는 못했지만 3·1 운동은 많은 것들을
바꾸는 힘이 되었어요. 가장 중요한 점은 우리 민족 안에
독립을 이루고자 하는 주인 의식이 싹튼 거예요.
또한 독립에 대한 우리의 간절한 의지를 전 세계에 보여 주었지요.
사람들은 독립운동을 체계적으로 이끌어갈 수 있는 중심이 필요하다는 것을
느꼈어요. 이에 대한민국 임시 정부를 수립하여 3·1 운동의 정신을
이어가고자 했답니다. 한편 우리 민족의 독립운동을 본 일본은
문화 통치라는 새로운 방법으로 조선을 다스리기 시작했어요.
무력만으로는 한계가 있다고 판단한 것이지요.

* **문화 통치**: 3·1 운동 이후, 조선인들의 불만을 줄이기 위해 실시한 일본의 통치 정책.

인도의 시인 타고르는 3·1 운동을 보고 우리나라를 '동방의 등불'로 일컬으며 밝은 빛이 되라고 응원을 보냈어요. 3·1 운동은 중국, 인도, 베트남 등 아시아 여러 나라의 독립운동에도 영향을 끼쳤답니다.

제암리 학살 사건

1919년 4월, 제암리(현 화성시 향남읍)에도 만세 운동의 바람이 불었어요. 장터에 모인 사람들이 만세를 외치자, 일본 경찰들이 출동해 거칠게 제압했어요. 이 과정에서 만세 운동에 참여한 주민들은 죽고, 경찰서에 잡혀간 이들은 심한 고문을 받았답니다. 그 소식을 들은 사람들은 더욱 힘차게 "대한 독립 만세"를 외쳤고 일본인 주택과 학교에 불을 질렀어요. 일본은 제암리 주민들을 한꺼번에 학살할 계획을 세웠어요. 일본은 제암리 사람들을 꾀어 모두 교회당에 모이게 한 후 교회당에 불을 지르고, 밖에서 총을 마구 쏘았어요. 이로 인해 20여 명의 제암리 주민들이 죽었어요. 일본군은 이걸로도 모자라 수원의 독립운동가 가족까지 살해했어요. 제암리 학살 사건은 3·1 운동 학살 사건을 파헤치던 선교사 프랭크 스코필드에 의해 세상에 알려지게 되었답니다.

* **학살**: 잔인한 방법으로 사람들을 마구 죽이는 일.

대한민국 임시 정부를 세우다

독립운동가들은 3·1 운동 이후에 독립운동을 더욱 체계적으로 했어요.
우선 중국 상하이에 대한민국 임시 정부를 세우는 일부터 했어요.
이렇게 세워진 대한민국 임시 정부는
국민이 나라의 주인이 되는 민주주의 국가를 만들고자 했어요.
대한민국 임시 정부는 《독립신문》을 발간하고,
비밀 연락망을 만들어 독립운동가들과 소통했어요.
미국이나 프랑스 등에 외교관을 보내 우리의 상황을 알리기도 했고요.
대한민국 임시 정부는 1945년 8월 15일 우리나라가
광복을 맞을 때까지 독립운동의 중심 역할을 했답니다.

* **정부**: 나라의 일을 처리하는 기관.
* **민주주의**: 국민이 나라의 주인이 되어, 국민을 위한 정치가 이루어지도록 하는 정치사상.

대한민국 임시 정부 기념사진

단원 정리

알다 — 역사 용어

조선 총독부
일본군 대장 출신의 조선 총독이 중심이 되어 우리나라를 지배한 식민지 최고 통치 기구.

토지 조사 사업
일제가 우리나라 땅 주인을 새롭게 정리하기 위해 벌인 사업.

비폭력 운동
무기나 폭력을 쓰지 않고 주장을 펼치는 방법.

무단 통치
일본이 1910년부터 1919년까지 헌병 경찰을 이용해 강압적으로 조선을 통치한 방법.

조선 태형령
일본 경찰이 조선인을 마음대로 매질할 수 있는 법.

역사 인물 만나다

안창호
신민회, 대한민국 임시 정부를 만든 중심인물.
미국, 중국, 한국 등 세계 곳곳을 누비며 독립운동을 펼침.

박은식
대한민국 임시 정부 2대 대통령. 3·1 운동을 자세히 다룬 『한국독립운동지혈사』를 쓴 역사학자이자 독립운동가.

유관순
3·1 운동 때 만세 운동을 하다가 감옥에 갇힘.
다음 해, 동지들과 함께 감옥 안에서 만세를 외쳤고, 1920년 9월, 18세의 나이로 순국함.

프랭크 스코필드
캐나다 선교사이자 의학자.
3·1 운동을 세계에 알리는 데 크게 힘씀.

역사 생각 궁금하다!

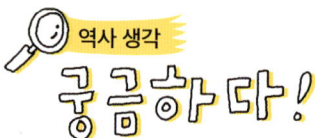

만주와 연해주가 독립운동의 중심지가 된 이유는 무엇인가요?
일본의 침입으로 땅과 일자리를 잃은 수십만 명의 조선인이 국경과 가까운 만주와 연해주로 갔어요. 항일 의식이 강한 이들은 누구보다 독립운동을 열심히 했어요.

인도의 시인 타고르는 3·1 운동을 보고 왜 감동했을까요?
인도는 영국의 식민지였어요. 그런데 조선이 전 세계 식민지 중에 가장 먼저 민족 운동을 일으켰어요. 이것이 인도의 민족 지도자이자 시인인 타고르가 감동한 이유예요.

임시 정부를 왜 중국 상하이에 만들었나요?
상하이에는 여러 나라의 공사관들이 모여 있어서 일본이 함부로 행동할 수 없었어요. 그래서 조선의 독립운동가들이 활동하기에 적합했지요.

 가 다 역사 장소

 **독립기념관**
독립운동을 기념하고 관련 물건을 전시하는 곳. 전시관 외부에 조선 총독부 철거 후 남은 건축 재료를 전시함.

 **탑골공원**
3·1 운동이 처음 시작된 곳. 학생 대표의 독립 선언서 낭독 후 만세를 부르며 행진을 시작했음.

 **독립 선언서 배부 터**
3·1 운동 때, 독립운동가들이 독립선언서를 배부했던 곳. 민족 대표 33인과 위안부 피해자 여성들의 이름을 기록한 돌이 있음.

 **대한민국 임시 정부 청사**
중국에 세워진 임시 정부 사무실. 상하이를 비롯해 항저우, 창사 등에 옛 모습을 간직한 청사들이 남아 있음.

 보다 역사 유물

독립 선언서
3·1 운동 때 민족 대표 33인이 우리나라의 독립을 선언한 글.

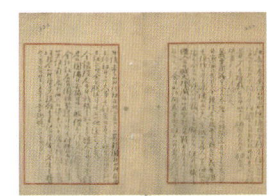 **안창호 일기**
안창호가 임시 정부 내무총장 겸 국무총리 대리 등으로 일하던 시기(1920~1921)의 활동을 기록한 일기.

 확인하기

01 1914년부터 1918년까지 유럽의 힘센 나라들이 편을 나누어 벌인 전쟁은 무엇일까요?

_____ _____ _____ _____

02 다음 글을 읽고 빈칸에 알맞은 인물을 찾아 쓰세요.

보기: 안창호, 홍범도, 김좌진

"일본의 눈을 피해 독립 전쟁을 준비했던 것이지요. 대표적인 독립군 부대에는 (   ) 장군의 북로 정서군, (   ) 장군의 대한 독립군 등이 있었답니다. 미국에서는 (   ) 등이 독립운동을 하고 있었어요."

03 대한민국 임시 정부에 대한 설명으로 옳지 않은 것을 고르세요.
① 국민이 나라의 주인이 되는 민주주의 국가를 만들기 위해 노력했다.
② 독립운동가들은 중국 충칭에 임시 정부를 세웠다.
③ 독립신문을 발간하여 독립 의지를 높였다.
④ 광복할 때까지 독립운동의 중심이 되었다.

풀이 01 1차 세계 대전 02 김좌진, 홍범도, 안창호 03 ②

6장 일본의 교묘한 통치 수법과 국내외 독립 투쟁

적극적인 3·1 운동에 놀란 일본은 무력만으로 우리 민족을 다스리기 어렵다는 걸
깨달았어요. 그래서 문화 통치를 시작했어요. 문화 통치로 방법을 바꿔
우리 민족에 대한 탄압을 덜 하는 것처럼 보이게 하였어요. 그러나 사실
더 교묘한 방법으로 우리 민족의 독립운동을 방해하였습니다.
예를 들어, 군인 경찰을 일반 경찰로 바꾸긴 했지만 경찰의 수를 3배나 늘렸어요.
이에 맞서 우리 민족은 국내외에서 더욱 치열한 독립 투쟁을 펼쳤답니다.
독립 투쟁을 할 수 없는 국내에서는 민족 실력 양성 운동을 전개했어요.

1920년
· 봉오동 전투에서 승리함.
· 청산리 대첩에서 승리함.
· 간도 참변이 일어남.
· 조만식, 평양에서 물산 장려 운동을 시작함.

1922년
이상재 등 조선 민립 대학
기성 준비회를 결성함.

1927년
좌우 단체가 모여 신간회를 세움.

광주에서는 대규모로 학생들이 일어나 독립 만세 운동을 벌였어요.
해외에서는 치열한 독립 투쟁을 펼치고,
비밀 단체를 만들어 일본 침략자들을 처단하였습니다.
당시 어떤 독립운동이 전개되었는지 하나씩 살펴보기로 해요.

1929년
광주 학생 항일 운동이 일어남.

1931년
· 브나로드 운동을 시작함.
· 상하이에서 한인 애국단이 결성됨.

1932년
· 이봉창, 도쿄 폭탄 의거를 일으킴.
· 윤봉길, 상하이 훙커우 공원 의거를 일으킴.

다양한 독립운동이 펼쳐지다

3·1 운동 이후, 국내에서도 잃어버린 나라를 되찾기 위한
다양한 활동이 펼쳐졌어요. 먼저 여러 독립운동 단체를 통합한
신간회가 만들어져 독립운동을 이끌었어요.
독립을 위해 민족의 실력을 기르려는 물산 장려 운동,
민립 대학 설립 운동도 있었답니다. 또한 학생들을 중심으로
청년 학생 운동이 일어나 독립 의지를 일깨우기도 하고,
농촌을 발전시키고 문맹을 없애기 위한 활동도 이뤄졌어요.
아울러 농민과 노동자를 보호하고, 여성에 대한 차별을 없애자는
남녀평등 운동도 펼쳐졌지요.

***물산 장려 운동**: 일제 강점기 때 국산품을 사용하여 우리 민족 스스로 경제적인 자립을 이루자는 운동.

***문맹**: 배우지 못해 글을 읽거나 쓸 줄 모르는 사람.

우리 것을 만들어 쓰고 우리 대학교를 세우자!

조만식 같은 민족 지도자들은 외국 물건 대신 우리 것을 만들어 쓰자고 주장했어요. 우리 물건을 사면 그 물건을 만드는 우리나라 회사가 발전하고, 우리나라 경제가 튼튼해져서 일본으로부터 독립할 수 있을 테니까요. 이를 '물산 장려 운동'이라고 하는데 백성들도 마음을 모아 이 운동에 힘을 보탰어요.

민족 지도자들은 민립 대학을 설립하기 위해 모금 운동을 했어요. 그러나 일본의 방해로 실패하고 말았답니다.

＊**민립 대학**: 조선총독부의 자금에 의존하지 않고 우리 민족 스스로의 자금으로 세운 대학.

'물산 장려 운동'이 무엇인지 설명해 보세요.

광주 학생 항일 운동

3·1 운동부터 학생들은 독립운동에서 중요한 역할을 하고 있었어요. 1926년 6월 10일, 조선의 마지막 황제였던 순종의 장례식 날에도 학생들이 중심이 되어 6·10 만세 운동을 펼쳤어요.
1929년 10월 30일, 나주역에서 내린 일본인 학생이 조선인 여학생의 머리카락을 잡아당기며 괴롭히는 일이 발생했어요. 이를 보고 화가 난 한국 학생들과 일본 학생들 사이에 싸움이 붙었어요. 그런데 일본 경찰은 한국인 학생들만 다그치면서 때리고 잡아갔어요. 이를 계기로 11월 3일, 광주 지역의 학생들이 나라의 독립을 목 놓아 외치며 행진을 시작했어요. 이 운동은 신간회의 도움을 받아 전국으로 퍼졌고, 수많은 학생들이 참여해 일본에 저항했지요. 이것이 '광주 학생 항일 운동'이에요.
3·1 운동 이후에 제일 큰 민족 운동이었답니다.

① 1929년 10월 30일, 나주역의 하굣길

가자, 농촌으로! 계몽 운동

'브나로드(v narod)'는 '민중 속으로'라는 뜻의 러시아 말이에요.
이는 1874년 러시아 청년들이 농촌 계몽 운동을 하며 외친 구호였어요.
《동아일보》는 1931년부터 '문맹 퇴치 운동'을 펼치며 이 구호를 사용했어요.
조선어 학회도 여러 도시를 다니며 한글 강습회를 열었어요.
한글을 배우고 뒤떨어진 생활 습관을 개선하려는 계몽 운동이
농촌에서 이루어진 것이죠. 공부를 열심히 한 학생들이
농촌으로 가서 농민들과 함께 생활하며, 한글을 가르치고
우리의 현재 모습과 새로운 지식을 생생하게 전달했어요.
농민들은 글을 배우고 세상일을 깨우칠수록 잘못된 현실을 바꾸고 싶었어요.
그들은 스스로 단체를 만들어서 일하기 힘든 환경과
제멋대로 구는 땅 주인들에게 벗어나기 위해 다양한 운동을 펼쳤답니다.

독립군, 봉오동에서 크게 이기다

일본의 눈을 피해 해외로 간 사람들이 독립운동을 계속 이어갔어요.
만주, 연해주 지역에 독립운동 기지를 세우고 군인들을 훈련시켰지요.
그 독립군 군대들이 국내로 돌아와 일본 군대와 경찰서를 공격하기 시작했어요.
이에 시달리던 일본은 독립군의 주요 활동 지역을 없애기 위해 군대를 끌고
만주, 연해주 지역을 공격했어요. 이때 홍범도가 이끄는 대한 독립군이
일본 군대가 눈치 채지 못하도록 그 주변을 둘러싼 뒤,
그들을 만주의 봉오동 골짜기로 유인하여 일제히 총을 쐈어요.
1920년 6월에 벌어진 이 전투를 '봉오동 전투'라고 해요.
봉오동 전투는 독립군이 일본 군대와 정식으로 싸워
큰 승리를 거둔 첫 번째 쾌거였어요.

✏️ 독립군이 일본군과 정식으로 싸워 이긴 전투의 이름을 찾아 밑줄을 그으세요.

독립군이 거둔 가장 큰 승리, 청산리 대첩

봉오동에서 독립군에게 크게 패배한 일본군은 만주의 우리 독립군을 완전히 없애 버릴 계획을 세웠어요. 1920년 10월, 일본은 규모가 큰 군대를 끌고 독립군을 쫓기 위해 출동했어요. 일본군을 따돌리던 독립군은 백두산 근처의 청산리로 일본군을 유인하여 전투를 시작했어요. 10월 21일부터 6일 동안 청산리에서 크고 작은 전투가 이어졌고, 김좌진 장군의 북로 군정서군, 홍범도 장군의 대한 독립군이 힘을 합쳐 싸운 끝에, 일본군 3천여 명을 물리치고 크게 이겼어요. 이를 청산리 대첩이라고 해요. 특히 김좌진 장군의 북로 군정서군이 청산리 대첩을 승리로 이끄는 데 큰 공을 세웠어요. 청산리 대첩은 독립군 전투 중 가장 큰 승리를 거둔 전투랍니다.

*대첩: 적을 크게 이겨 물리친 전투.

김좌진 장군과 홍범도 장군의 연합 부대가 일본군을 상대로 크게 이긴 대첩의 이름을 찾아 동그라미 해 보세요.

 홍범도 장군과 김좌진 장군

홍범도 장군은 의병 군대를 조직하여 곳곳에서 일본군을 무찔러
'나는 홍범도 장군'이란 별명이 붙었답니다.
그는 봉오동 전투와 청산리 대첩까지 승리로 이끌었어요.
그런데 1937년, 소련이 한국인들을 카자흐스탄에 강제로 끌고 갈 때,
홍범도 장군도 함께 끌려갔답니다.
홍범도 장군은 끝내 광복을 지켜보지 못하고, 카자흐스탄에서 생을 마감했지요.
2021년 홍범도 장군의 유해가 우리나라로 돌아왔어요.
정부는 홍범도 장군에게 건국 훈장 대한민국장을 주었어요.

* **소련**: 1917년 러시아가 공산화된 이후, 1922년에 주변의 국가들을 통합하여
　　　소련(소비에트 사회주의 공화국 연맹)이 되었다가 1991년에 해체됨.

김좌진 장군은 어려서부터 전쟁놀이를 즐겨 한, 타고난 군인이었어요.
17세 때에 집안의 노비들을 모두 풀어 주고, 논밭을 나눠 주며
그들이 제힘으로 먹고살 수 있도록 도운 남다른 사람이었답니다.
김좌진 장군은 1905년 대한 제국 육군 무관 학교에 입학했고,
졸업한 후에는 고향으로 돌아가 학교를 세우고 교육 활동에도 힘썼어요.
그리고 나라를 일본에게 빼앗기자, 만주로 건너가 독립운동을 했어요.
1919년 김좌진 장군은 북로 군정서군의 대장이 되어 독립군을 이끌었어요.
이듬해에 그는 홍범도 장군과 함께 청산리에서 일본군을 크게 무찔렀어요.
그러나 1930년 1월 24일, 그의 독립운동에 불만을 품었던
어느 공산주의자 청년의 총에 맞아 순국했어요.
1962년 정부는 김좌진 장군에게 건국 훈장 대한민국장을 주었어요.

독립군에 패배한 일본, 간도의 동포들을 학살하다

일본군은 청산리 대첩에서 패배한 후에 독립군을 도왔다는 이유로 간도에 살고 있는 우리 동포 수천 명을 학살해 버렸어요. 집과 마을은 불에 타고 사람들은 끔찍한 일을 당했어요. 어른은 물론 어린아이, 임신부, 가릴 것 없이 모두 처참한 죽임을 당했죠.
박은식 선생님은 간도 참변 소식을 듣고 『한국독립운동지혈사』에 이렇게 썼어요.
"아 슬프다! 천하에 부모 형제자매 처자 없는 사람이 누가 있으랴. 지금 저들이 우리 부모 형제자매 처자를 학대하여 기이하고 악독한 형벌을 가하고, 처참하고 잔인하게 살해한 것은 세계 인류 역사에서 일찍이 없었던 일이다."
독립군은 남은 동포들의 희생을 막고자 소련의 자유시로 이동했지만 소련의 배신으로 인해 또다시 수백 명의 독립군이 희생당했어요.
하지만 독립군들은 이에 굴하지 않고 다시 만주로 돌아와 조직을 정비하고 독립운동을 계속했어요.

일본을 떨게 만든 비밀 조직, 의열단

1919년 11월 김원봉, 윤세주 등 신흥 무관 학교를 졸업한 사람들이 비밀리에 '의열단'이라는 단체를 만들었어요. 의열단은 무력으로 일본을 무너뜨리고 독립을 이뤄야 한다고 주장했어요.
의열단은 친일파를 죽이고, 일본 관청이나 경찰서 건물을 폭파하는 등 일본을 두려움에 떨게 하는 활동을 펼쳤어요. 대표적인 의열단의 활동으로는 김상옥의 종로 경찰서 폭파, 나석주의 동양 척식 주식회사 폭탄 투척 등이 있답니다. 이러한 투쟁이 일어날 때마다 일본인들은 두려움에 떨었어요.

✏️ 의열단이라는 단체에서 한 일을 찾아 밑줄을 그어 보세요.

험난한 독립운동 속에서 태어난 한인 애국단

대한민국 임시 정부의 독립운동이 어려움을 겪자, 김구는 한인 애국단을 만들어 상황을 헤쳐 나가고자 했어요.
한인 애국단은 의열단과 함께 일본의 주요 인물을 처단하는 활동을 펼쳤어요.
이봉창과 윤봉길 두 의사의 의거로 한인 애국단은 이름을 드높였어요.
먼저 이봉창 의사는 일왕 히로히토를 처단하기 위해 도쿄로 갔어요.
1932년 1월, 일왕이 탄 마차가 나타나자 폭탄을 던졌어요.
그러나 일왕은 뒤에 오는 마차에 타고 있었어요.
이 일은 비록 실패했지만 곧바로 전 세계에 알려졌어요.
3개월 후 중국 상하이에서는 윤봉길 의사의 의거가 벌어졌어요.
무슨 일이 있었는지 만화로 한번 볼까요?

이봉창의 모습

이봉창 의사가 거사를 위해 일본으로 떠나기 전 기념으로 찍은 사진이야.

나라를 위해 목숨을 바친 윤봉길 의사

조선의 독립운동가이자 교육자였던 윤봉길은 1930년 중국으로 건너가 한인 애국단에 참여했어요.

"제가 하겠습니다! 독립을 위해 바칠 목숨입니다."

1932년 윤봉길은 김구와 뜻을 모아 어렵고 힘든 작전을 수행하기로 결심했어요.

일왕의 생일을 맞아 상하이 훙커우 공원에 모이는 일본의 높은 관리들을 폭탄으로 처단하는 작전으로, 목숨을 건 임무였습니다.

"윤봉길 의사는 그 자리에서 일본 경찰에 잡혀 결국 순국했어."

대한민국 임시 정부 지킴이 김구 주석

* 백범: '백정범부(白丁凡夫)'의 줄임말.

내가 호를 '백범'이라고 지은 이유는 백정의 백(白), 보통 사람이라는 뜻의 범(凡) 자를 따서, 미천하고 평범한 사람들을 상징하기 위해서지.

백범 김구는 독립운동가이자 정치가로 큰 업적을 세운 영향력 있는 인물이에요. 그는 동학 농민 운동뿐만 아니라 신민회, 교육 활동 등에 다양하게 참여했어요.

알아야 이긴다. 배워야 산다.

3·1 운동 후에는 대한민국 임시 정부에 들어가서 활동하였고

1940년부터는 주석을 맡아 광복이 될 때까지 우리나라의 독립운동을 이끌었답니다.

내가 가는 곳이 곧 임시 정부 거처가 되는 거지.

'주석'은 '중심이 되는 자리'라는 뜻으로 대한민국 정부를 이끄는 최고의 지도자 역할을 말해요.

대한민국 임시 정부가 일본에 억눌려 잠시 주춤했을 때에도,
김구는 한인 애국단을 이끌며 독립운동에 활기를 불어넣었지요.

독립운동은 멈출 수 없다!

첫째도 독립, 둘째도 독립! 포기하지 않는 정신으로 독립운동을 이끌었어.

조선 우리 땅으로 갈 날이 머지않았어.

한인 애국단 활동

김구는 1945년 우리나라가 독립을 맞은 뒤에도
임시 정부의 뜻을 이어받아 나라를 세우기 위한 활동에 힘썼어요.

우리 민족이 남과 북으로 갈라질 위기에 처하자
남북 협상에도 참여했지요.

남북이 갈라지는 건 막아야 해.

38도선에서

김구 선생님이 돌아가셨을 때 엄청난 인파가 몰려 애도를 표했다고 해.

훗날 대한민국 정부는 김구에게
'건국 훈장 대한민국장'을 주었어요.

단원 정리

알다 — 역사 용어

- **문맹 퇴치**
  글을 읽고 쓰지 못하는 문맹자를 가르쳐 글을 알도록 하는 일.

- **간도 참변(경신 참변)**
  청산리 대첩에 대한 복수로 일본군이 간도의 조선인 마을을 습격해 수천 명을 학살한 사건.

- **의열 투쟁**
  일제의 식민 통치 기관을 폭파하거나 친일파 및 일본 관리를 처단하는 독립운동.

- **한인 강제 이주**
  1937년 소련의 스탈린이 연해주에 살던 한인을 카자흐스탄 등 중앙아시아로 강제로 이주시킨 사건.

- **건국 훈장**
  대한민국을 세우는 데 큰 공이 있는 사람에게 주는 훈장. 대한민국장, 대통령장, 독립장, 애국장, 애족장 등 5등급이 있음.

만나다 — 역사 인물

홍범도
의병 군대를 조직하여 일본군을 무찌름.
봉오동 전투와 청산리 대첩을 승리로 이끎.

김좌진

북로 군정서군의 대장.
청산리 대첩을 승리로 이끎.

남자현
3·1 운동 때 만주로 가서 독립운동과 여성 계몽에 힘쓴 여성 독립운동가.

김원봉

1919년 의열단을 만들고, 단장으로서 큰 활약을 했음. 조선 의용대를 만들어 더욱 조직적으로 독립운동을 펼침.

궁금하다!

일본이 무단 통치를 문화 통치로 바꾼 이유는 무엇인가요?
10년간 총칼을 앞세워 통치했지만 조선인을 굴복시키지 못했어요. 그래서 겉으로 잘 대해 주는 정책을 써서 조선인을 자기 편으로 끌어들이려 했어요.

일본군은 왜 간도에 사는 주민들을 학살했나요?
청산리 대첩에서 패배한 일본군은 독립군을 도왔다는 이유로 우리 동포들을 학살했어요.

보다 — 역사 유물

윤봉길 의사 유품

윤봉길의 시계, 손수건, 안경집, 편지, 일기 등 68점의 유물. 보물로 지정됨.

나석주 의사의 편지

동양 척식 주식회사와 조선 식산 은행에 폭탄을 투척하는 계획에 관해 의열단원 나석주 의사가 쓴 편지와 봉투.

가다 역사 장소

국립 대전 현충원
국가와 민족을 위해 목숨을 바친 사람들을 기리는 국립묘지. 2021년에는 홍범도 장군의 유해를 카자흐스탄에서 모셔 와 안장함.

김좌진 생가와 백야 공원
김좌진 장군의 생가는 공원으로 꾸며져 있고, 백야 공원에는 생가와 사당, 동상, 기념관이 있음.

예산 윤봉길 의사 유적
윤봉길 의사의 생가와 사당인 충의사, 일생과 업적을 전시한 기념관이 있음.

광주 학생 항일 운동 기념관
광주 학생 항일 운동 관련 사료를 보관하고 전시하는 곳. 희생자들을 추모할 수 있는 참배실도 있음.

백범김구기념관
독립운동가 백범 김구를 기리기 위해 세운 곳. 김구의 일생과 업적을 보여 주는 전시관이 있고, 근처에 김구의 묘소와 이봉창, 윤봉길, 백정기 의사의 묘가 있음.

밀양의열기념관
김원봉의 집터에 지어진 기념관. 의열단원들의 활약을 영상과 전시를 통해 보여 줌. 기념관 앞 하천을 따라 밀양의 독립운동을 소개하는 벽화 거리가 조성되어 있음.

확인하기

01 독립운동가와 그의 활약이 바르게 연결된 것은 무엇인가요?

① 김좌진 - 봉오동 전투 ② 홍범도 - 훙커우 공원 의거
③ 윤봉길 - 청산리 대첩 ④ 나석주 - 동양 척식 주식회사 폭탄 투척

02 다음은 누구를 설명하는 글인지 동그라미 안에 써 보세요.

○○○

> 의병이었던 남편의 죽음 이후 독립운동가가 되었어요. 조선 총독인 사이토를 해칠 계획에 참여하고 안창호를 비롯해 감옥에 갇힌 독립운동가들의 뒷바라지를 했어요. 총을 쏘고 폭탄을 던지는 독립군 투사였어요.

03 다음 설명하는 단체의 이름은 무엇일까요?

○○○○○

> 일본에 맞서기 위해 김구가 만든 비밀 독립운동 단체예요. 이봉창의 일왕 폭탄 투척 의거, 윤봉길의 훙커우 공원 의거로 세상에 이름을 떨쳤어요. 이 단체의 활약으로 많은 중국인이 감명을 받아 우리 독립운동을 도왔어요.

7장
일본의 멸망을 기다리며 건국을 꿈꾸다

일본은 더욱더 교묘하게 우리나라를 탄압했어요.
우리말을 쓰지 못하게 하고,
일본 말, 일본 글, 일본식 이름을 쓰게 했으며,
일본의 노예로 살도록 했어요.
일본이 일으킨 전쟁에 아무 관련 없는
우리 젊은이들을 보내 다치고 죽게 했어요.
그럼에도 우리 민족은 끝까지 일본에 저항했어요.
이때 어떤 일들이 있었는지 살펴보기로 해요.

1931년
일본, 허수아비 황제를 내세워
만주에 만주국을 만듦.

1937년
일본, 중국을 차지하기 위해
전쟁을 시작함(중일 전쟁).

1939년
2차 세계 대전이 일어남.

1940년
· 일본식 이름으로 바꾸는 창씨개명이 시작됨.
· 한국 광복군이 창설됨.

우리더러 일본에 충성하라고?

일본은 조선인을 민족의식 없고 일본에 충성하는 국민으로 만들고자 노력했어요. 그래야 총칼을 쥐여 주고 전쟁터로 보낼 수 있으니까요. 그들은 조선인에게 "우리는 대 일본 제국의 백성으로서 마음을 다하여 일본 천황에게 충성을 다한다"라는 선서를 일본어로 외우게 했어요. 일본의 신에게 절하고 예를 표하는 신사 참배도 강요했지요. 이름도 일본식 이름으로 바꾸는 '창씨개명'을 하게 했어요. 학교에서는 우리말 대신 일본어를, 우리 역사 대신에 일본 역사만 가르치도록 했어요. 이러한 방법으로, 우리 민족의식을 없애 일본의 노예로 만들고자 했답니다. 독립운동가들은 이에 맞서 우리 문화를 지키기 위한 다양한 운동을 펼쳤어요.

* **민족의식**: 민족을 지키고 발전시키려는 마음.

↳ **궁성요배를 강요당한 한국인들**
궁성요배는 일본인들이 일본 왕이 있는 동쪽을 향하여 절하는 것 또는 그 절을 의미해요.

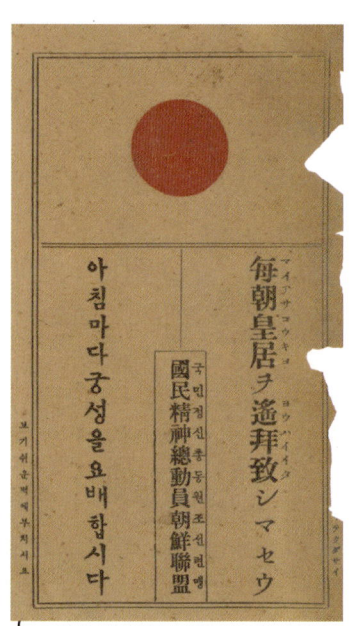

↳ **궁성요배 전단**
일본인처럼 매일 일본 왕이 사는 궁성이 있는 동쪽을 향해 절하도록 강요했어요.

일본이 한국인의 민족의식을 없애기 위해 한 일을 모두 찾아 읽어 보세요.

일본의 전쟁으로 희생당한 우리 민족

1931년 일본은 만주에 '만주국'이라는 꼭두각시 국가를 만든 후
1937년 드디어 중국을 차지하기 위해 전쟁을 시작했어요.
베이징, 난징, 상하이, 광저우 등을 차지한 뒤,
이번에는 태평양을 차지하기 위해 미국과 전쟁을 벌였어요.
전쟁이 길어지자 일본은 우리나라를 전쟁 물자 보급 기지로 사용했어요.
전쟁에 필요한 물건을 만든다며 철, 석탄 등의 자원을 빼앗아 갔어요.
점점 물건을 만들 재료가 부족해지자 가정에서 사용하는 그릇과
수저, 심지어 절에 있는 종까지 가져갔어요.
또한 조선의 젊은이들을 강제로 전쟁터로 보내 싸우게 했어요.
친일파들은 일본 왕을 위해 목숨 바치는 것은 영광이라고 했어요.
강제 징용에 끌려간 사람들은 견디기 힘들 정도의 일을 하며
석탄을 캐고 전쟁 물자를 만들어야 했어요.
심지어 여성들은 위안부로 끌려가 성 노예가 되었어요.

* **전쟁 물자 보급 기지**: 전쟁에 필요한 물품이나 자원을 보급하는 장소.
* **강제 징용**: 일제 강점기 때, 일본이 한국인을 강제로 동원하여 부리던 일.

 우리글을 연구하는 것이 죄?

10월 9일이 무슨 날인지 알고 있나요? 한글 창제를 기념하고, 한글의 우수성을 기리는 한글날이에요. 한글날은 언제, 왜 만들어졌을까요?
1926년에 조선어 학회가 한글을 지키고 널리 알리기 위해 만들었어요.
당시 한글날은 '가갸날'이라 했고, 10월 9일이 아니라 음력 9월 29일이었어요.
훈민정음이 음력 9월에 반포되었다는 『세종실록』의 기록이 있었거든요.
그 후, 1940년 『훈민정음 해례본』이 발견되고 거기에 음력 9월 상순이라는
기록이 나옴에 따라 한글날을 10월 9일로 바꾸었어요.
조선어 학회는 주시경이 만든 국어 연구 학회를 이어받은 단체로, 한글날을
만들고 잡지 『한글』을 펴냈어요. 또 우리글을 연구하고, 맞춤법을 정하고
표준어를 만드는 등 한글을 연구하고 알리는 활동을 열심히 했어요.
그러나 이런 활동을 일본이 가만둘 리가 없었어요. 1942년 일본은
한글을 연구해 민족의식을 높였다는 이유로 조선어 학회의 학자들을
잡아가 고문하고 가두었어요. 이 사건으로 조선어 학회는 힘든 시련을 겪었어요.

*상순: 한 달 가운데 1일에서 10일까지의 동안.

조선어 학회 회원들

기나긴 시련 끝에 편찬된 『조선말 큰사전』

주시경은 1911년 제자들과 함께 우리말 사전을 만들기로 했어요. 이 사전의 이름은 『말모이』예요. '모두의 말을 모아 사전에 담는다'라는 의미를 가지고 있지요. 초기 자료만 남기고 중단되었던 『말모이』 편찬 사업은 1921년 조선어 학회가 만들어지면서 다시 이어졌어요. 주시경의 제자였던 최현배, 김두봉 등이 모여 『말모이』를 바탕으로 『조선말 큰사전』을 편찬하기 시작했어요. 하지만 이 또한 일본의 방해로 실패하고 말았어요. 일본은 조선어 학회에서 만들고 있던 우리말 사전의 원고 뭉치를 독립운동 증거로 압수해 버렸어요. 그런데 광복 후, 서울역 창고에서 이 사전의 원고 뭉치가 기적처럼 발견되었어요! 그 후 1947년 한글날에 제1권을 발간하는 것을 시작으로 한 권씩 펴내기 시작해서, 1957년 한글날에 마지막 6권이 발간되면서 『조선말 큰사전』 편찬이 드디어 마무리되었답니다. 한편 북한에서는 북한에 있는 한글 학자들을 중심으로 1957년부터 시작하여 1962년에 『조선말 사전』 6권을 편찬했어요. 이렇게 남과 북은 따로 한글 사전을 펴냈어요.

***편찬**: 여러 가지 자료를 모아 정리하여 책을 만드는 일.

그림을 보면서 『조선말 큰사전』이 만들어지는 과정을 이야기해 보세요.

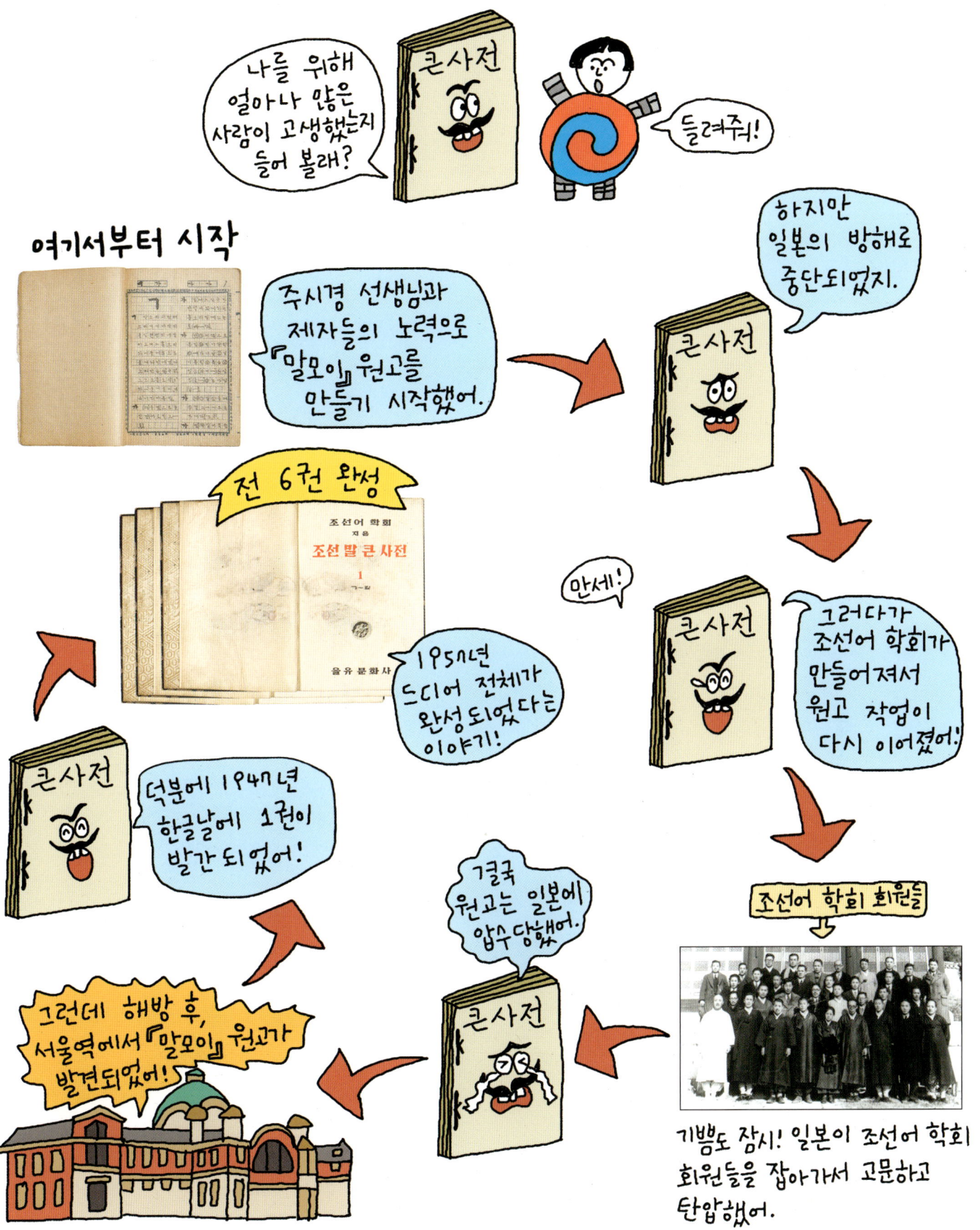

우리 역사를 바르게 알아야 한다

일본은 우리 민족의 자존심을 꺾으려고, 우리 역사를 사실과 다르게
나쁜 방향으로 해석했어요. 우리 민족은 스스로 발전할 능력이 없고
다른 나라에만 의지하며, 편 가르기를 좋아해서 하나로 똘똘
뭉치지 못했기 때문에, 나라가 망한 거라고 주장했어요.
이에 맞서 신채호, 박은식, 정인보 같은 역사 연구가들은
우리가 외래의 수많은 침략으로부터 나라를 어떻게 지켜 왔는지,
또 얼마나 우수한 문화를 꽃피운 나라인지 연구했어요.
그리고 우리나라 역사가 세계사의 흐름에 발맞춰, 당당히 발전했다고
주장했어요. 그들은 역사 연구를 통하여 우리 민족의 우수성과
독립 정신을 일깨우려 애썼답니다.

단재 신채호
기자가 되어 《황성신문》과 《대한매일신보》에 정부를
비판하는 글을 쓰면서 항일 언론 운동을 펼쳤어요.
역사 속 영웅에 관한 글을 써서 사람들에게 용기를 주고
일본의 감시를 피해 해외로 가서 우리 역사를 연구해
『조선상고사』와 『조선사연구초』 등을 펴냈어요.
1936년 2월, 감옥 안에서 죽음을 맞이했으며,
훗날 건국 훈장 대통령장을 받았어요.

신채호가 쓴 『을지문덕』

신채호 선생님은 역사 연구로 독립운동을 하셨네.

이 책을 쓴 목적은…

이천 년 전의 일을 한가로이 읊고자 함이 아니라 열성적, 모범적 위인의 행적을 그려 내어 이천 년 후 을지문덕과 맞먹는 인물을 기르고자 함이니, 모든 독자는 항상 이에 유념하여 이 책을 읽어야 할 것이다.

← 을지문덕

나를 기억해 주니 고맙군.

종교도 시도 영화도, 오직 나라를 위하여

대종교, 불교, 개신교, 천도교, 천주교 등 당시의 많은 종교들이
나라의 독립을 위해 힘썼어요. 종교는 독립운동가들의 정신적 버팀목이
되었을 뿐만 아니라, 독립군을 위한 모금 활동, 교육 활동에도 앞장섰답니다.
한편 문학가와 예술가들은 작품을 통해 우리 민족의 의지를 표현했어요.
한용운은 「님의 침묵」, 이육사는 「광야」, 윤동주는 「서시」 같은 시를 써서
독립에 대한 간절함을 드러냈고, 나운규는 영화 「아리랑」을 통해
일본에 맞서겠다는 의지를 드높였지요.
방정환은 어린이 운동을 통해 미래에 대한 희망을 품었어요.

어린이날 포스터(1932년)

일본, 이탈리아, 독일이 2차 세계 대전을 일으키다

2차 세계 대전(1939년 9월~1945년 8월)은 미국에서 발생한
경제 위기에서 시작되었어요. 미국의 많은 공장들에서
물건들을 지나치게 많이 만들다 보니 팔지 못하고 남는 물건이
엄청나게 늘어난 거예요. 이에 공장들은 줄줄이 망하고,
일터를 잃은 사람들이 거리에 넘쳐 났어요.
이 때문에 미국과 교류하던 유럽 나라들도 심각한 피해를 입었어요.
1차 세계 대전에서 이긴 나라들은 이미 많은 식민지와 자원을 가지고 있어서
자기들끼리만 교류하면서 경제 위기를 해결해 나갔어요.
하지만 전쟁에서 패배한 독일 같은 나라들은 다시 전쟁을 일으켜
식민지를 빼앗아서 위기를 극복해야겠다고 생각했어요.
이탈리아, 일본 역시 같은 생각을 했어요. 1939년 독일과 이탈리아가
먼저 유럽에서 전쟁을 일으켰고,
1941년에는 일본이 미국을 상대로
태평양 전쟁을 일으켰어요. 일본이 전쟁을
시작하자 아시아 지역도 전쟁에 휘말렸어요.
2차 세계 대전이 시작된 거예요.

대한민국 임시 정부가 한국 광복군을 만들다

중일 전쟁 때 상하이를 비롯한 중국의 여러 곳이 일본의 공격을 받았어요. 그래서 우리 임시 정부도 중국 정부를 따라 '충칭'으로 이동했어요. 임시 정부는 일본과 싸우기 위해 여러 독립군 부대를 합쳐 정식 군대를 만들었어요. 1940년 드디어 대장 지청천이 이끄는 한국 광복군이 탄생했어요. 거기에는 학도병으로 일본 군대에 끌려갔다가 탈출해서 온 사람들도 있었어요. 학도병에서 탈출한 김준엽과 장준하는 한국 광복군이 되어 누구보다 열심히 훈련받았어요. 일본이 태평양 전쟁을 일으키자, 대한민국 임시 정부는 일본에 선전 포고를 함으로써 연합군과 함께 전투에 참여하겠다는 뜻을 전 세계에 알렸어요. 한국 광복군은 중국군, 연합군과 협조하면서 각지에서 공동으로 작전을 펼쳤어요. 미국과 함께 특수 작전도 세웠어요.

* **중일 전쟁**: 1937년 일본이 중국 본토를 침략해서 일어난 전쟁.
* **학도병**: 학생 신분으로 군대에 들어간 병사.
* **태평양 전쟁**: 2차 세계 대전 중 일부로, 일본이 미국 하와이의 진주만을 공격하여 시작된 미국과 일본의 전쟁.

 새 나라를 건국할 준비를 하고

1945년 8월, 2차 세계 대전은 끝이 났어요.
유럽에서는 독일이 전쟁에서 패배했어요.
태평양 전쟁은 일본의 항복으로 미국의 승리가 확실해졌어요.
일본의 패배를 확신한 국내외 여러 독립운동 단체는 광복을 준비했어요.
먼저 대한민국 임시 정부는 '건국 강령'을 발표하며
여러 독립운동 단체를 하나로 모으고자 노력했어요.
새 정부가 나아갈 방향을 담은 건국 강령은 조소앙의 삼균주의를 바탕으로 해요.
삼균주의란 모든 국민이 정치, 경제, 교육의 혜택을 균등하게 받아야 한다는
뜻이에요. 한편 국내에서는 여운형을 중심으로 '조선 건국 동맹'이라는
단체를 만들면서 새 나라를 세울 준비를 하고 있었답니다.
35년간의 길고 길었던 일제 강점기도 이제 마침표만 남겨 두었어요.

* **건국 강령**: 대한민국 임시 정부가 독립을 앞두고 건국 원칙의 방향을 제시한 기본 입장.

✎ 대한민국 임시 정부가 독립을 준비하면서 한 일을 찾아 밑줄을 그어 보세요.

마침내 광복을 맞이하다

나라의 독립을 위해 국내외에서 열심히 최선을 다한
우리나라 독립운동가들의 활동을 연합국도 인정했어요.
그래서 연합국은 2차 세계 대전을 치르는 동안 열렸던 여러 회담에서
우리나라의 독립을 약속했어요. 연합국의 공격에 이탈리아, 독일, 일본이
마침내 차례로 모두 항복하면서 1945년에 2차 세계 대전이 끝났고,
드디어 우리나라도 광복을 맞이하게 되었어요. 1945년 8월 15일,
빼앗겼던 나라를 되찾은 함성이 전국을 뒤덮었답니다.

포츠담 회담 장면

1945년 7월 17일부터 8월 2일까지, 독일 포츠담에서
연합국(미국, 영국, 소련)의 정상 회담이 열렸어요.
항복한 독일과 아직 항복하지 않은 일본 문제를 함께 논의하기
위한 자리였어요. 이때 미국, 영국, 중화민국이 발표한 선언을
'포츠담 선언'이라고 해요. 일본에 무조건 항복을 요구하고,
전쟁이 끝난 후 일본에 대한 방침을 밝히는 내용이었어요.
포츠담 회담은 이전에 열린 카이로 회담에서 선언했던
우리나라의 독립을 다시 확인했다는 점에서 의미가 커요.

단원 정리

알다 — 역사 용어

☑ **민족 말살 정책**
한국인의 민족의식을 없애고 이들을 일본에 충성하는 국민으로 만들기 위한 정책.

☑ **창씨개명**
조선 이름을 일본식 이름으로 바꾸는 것.

☑ **강제 징용**
조선인을 광산, 군수 공장, 토목 공사 등에 강제로 동원하여 일을 시킴.

☑ **조선어 학회 사건**
한글 연구를 통해 민족의식을 높였다는 죄로 1942년 조선어 학회 회원들을 감옥에 가둔 사건.

궁금하다!

창씨개명을 거부하면 어떻게 되었나요?
창씨개명을 하지 않으면 공공 기관을 이용하지 못했어요. 학교에 다니지 못하고 교통수단도 이용하지 못했어요. 또한 편지나 물건을 보내지 못하고 나라에서 나누어 주는 물건도 받을 수 없었지요. 그럼에도 창씨개명을 끝까지 거부한 사람이 약 20%나 되었어요.

조선말을 쓰면 어떻게 되었나요?
학교나 공공 기관에서 실수라도 조선말이 나오면 혼나거나 처벌받았어요. 하지만 마을이나 집에서는 우리말을 썼다고 해요.

만나다 — 역사 인물

신채호
신문에 정부의 잘못을 비판하는 글을 쓰면서 항일 언론 운동을 펼침. 『을지문덕』, 『조선상고사』, 『조선사연구초』 등 역사책을 통해 우리 민족의 우수성과 독립 정신을 일깨우려 애씀.

김두봉
주시경의 수제자로서 한글 연구에 큰 업적을 남김. 또한 독립군으로 독립 투쟁에 앞장섬. 광복 후에는 북한 정권에 참여하였고, 북한의 『조선말 사전』을 편찬함.

이육사
독립운동가이자 시인. 시 「광야」, 「청포도」, 「절정」 등을 통해 광복에 대한 바람을 노래함.

윤동주
시인. 독립운동을 했다는 이유로 붙잡혀 감옥에서 죽음을 맞이함. 민족을 사랑하고 독립을 바라는 마음으로 「서시」, 「별 헤는 밤」, 「참회록」 등을 썼음.

나운규
3·1 운동 때 독립운동을 하다가 감옥에 들어감. 이후, 연극과 영화를 배우며 영화감독, 배우로 활동함. 영화 「아리랑」은 일제 강점기 때 만들어진 최고의 영화로 손꼽힘.

가다 역사 장소

윤동주문학관
윤동주가 산책하던 인왕산 끝자락 창의문 옆에 위치한 박물관으로서 윤동주의 시와 시집을 전시하며, 그의 일생을 볼 수 있는 영상실이 있음.

한글가온길
서울 새문안로3길에 있는 주시경의 집터. 한글회관, 주시경공원 등으로 꾸며져 한글가온길로 만들어짐.

이육사문학관
시인 이육사의 시와 문학, 독립운동의 역사를 볼 수 있는 문학관. 전망대에서 이육사 시인이 어릴 적 살던 동네를 볼 수 있음.

외솔최현배선생기념관
최현배의 유품과 한글 관련 책을 전시한 곳.

보다 역사 유물

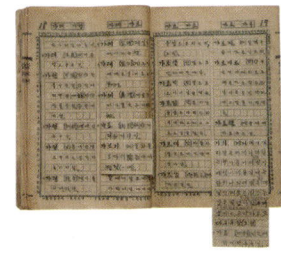
『말모이』원고
우리말을 지켜 낸 결실인 『말모이』원고. 주시경 선생님을 중심으로 우리말 최초 사전을 위해 쓰여짐.

영화 「아리랑」
1926년 개봉한 영화로 예술성이 뛰어난 동시에 항일 민족정신이 깃든 명작.

확인하기

01 다음 작품을 쓴 시인은 누구인가요?

① 신채호 ② 윤동주 ③ 주시경 ④ 한용운

> 죽는 날까지 하늘을 우러러 한 점 부끄럼 없기를 …
> … 오늘밤에도 별이 바람에 스치운다.

02 다음 중 역사책을 통해 민족의식을 높인 독립운동가는 누구인가요?

① 신채호 ② 나운규 ③ 주시경 ④ 지청천

03 1940년 지청천 장군이 이끄는 대한민국 임시 정부의 정식 군대가 탄생했어요. 대한민국 국군의 뿌리가 되는 이 군대의 이름은 무엇일까요?

◯ ◯ ◯ ◯ ◯

풀이 01 ② 02 ① 03 한국광복군

8장
교과서보다 더 친절한 문화, 문화재 이야기

중국과 일본은 물론 유럽의 여러 나라들과 어깨를 나란히 하고자 한
대한 제국의 노력과 그 흔적이 서울과 인천 등의 여러 도시에 잘 남아 있어요.
당시 한옥과는 다른 근대 건축들이 세워지고,
전기가 놓이고 기차가 오가는 새로운 도시가 탄생했어요.
하지만 을사늑약으로 대한 제국의 꿈은 꺾이고 결국 일본에게 나라를 빼앗겼지요.
나라를 되찾으려는 의병과 독립운동가들의 노력은 전국 방방곡곡에 유적으로 남았어요.
이번에는 새롭게 등장한 근대 문물과 독립 유적을 만나 보아요.

1905년
· 중명전에서 을사늑약이 이루어짐.
· 경부선 전 구간이 개통됨.

1897년
· 고종, 덕수궁 환궁 후 대한 제국을 선포함.
· 정동 제일 교회 예배당이 완공됨.

1895년
· 명성 황후 시해 사건이 일어나고, 단발령이 내려짐.
· 을미의병이 일어남.
· 한성재판소를 설치함.

1908년
서대문형무소 건립.

1909년
· 안중근, 이토 히로부미를 처단함.
· 호남선 전 구간이 개통됨.

1916년
배재 학당(현재 배재학당역사박물관)이 완공됨.

은행

형무소

학교

아픈 기억이 있지만, 현대에 근접한 시기의 새 문화 양식을 살펴볼 수 있어.

1919년
전국 방방곡곡에서
3·1 운동이 일어남.

1928년
2002년에 국가등록문화재로 지정된
한국전력공사 사옥이 완공됨.

1931년
장항선 전 구간이 개통됨.

1942년
중앙선 전 구간이 개통됨.

# 고종의 꿈이 깃든 정동길

세계와 어깨를 나란히 하는 당당한 황제의 나라를 만들고 싶었던 고종의 바람을 가장 잘 느낄 수 있는 곳이 정동길이에요. 정동길은 덕수궁에서 돈의문 터에 이르는 길을 말해요. 이 길에는 근대 건축물과 역사 이야기가 가득하답니다.

덕수궁 돌담길을 따라 걸으면 가장 먼저 정동 제일 교회가 보여요. 선교사 아펜젤러가 만든 교회 건축물이에요.

교회 맞은편에는 일제 강점기 때 경성재판소였고 광복 후 대법원이었던 건물이 있어요. 지금은 서울 시립 미술관으로 사용하고 있어요.

서울 시립 미술관 뒤편에는 최초의 근대 학교 중 하나인 배재 학당이 있어요. 다시 정동 제일 교회로 가서 길을 따라 올라가면 을사늑약이 일어난 중명전과 유관순이 다니던 이화 학당이 있지요. 이화 학당 입구에는 최초의 서양식 호텔 중 하나인 손탁 호텔이 있었다는 표석도 있어요.

이화 학당 건너편 길 위에는 러시아 공사관 건물의 일부가 탑처럼 남아 있고 러시아식 공원도 조그맣게 만들어 두었어요. 공원 앞 굳게 닫힌 문은 미국 대사관저예요. 그 안에는 하비브하우스라는 한옥이 있어요.

정동길이 끝나는 곳에는 한양 도성의 서대문인 돈의문 터와 김구가 죽음을 맞은 경교장이 있어요. 이처럼 정동길은 대한 제국의 궁궐인 덕수궁과 근대식 학교, 병원, 재판소, 각 나라 공사관이 어우러진 길이에요.

*표석: 어떤 것을 표지하기 위해 세우는 돌.

러시아 공사관

🔍 정동길에는 어떤 건물들이 있는지 사진을 보며 말해 보세요.

고종 황제가 걸었던 길을 따라가 볼까.

고종의 길

미국 대사관

중명전

정동 극장

🔍 일제 강점기 때 경성재판소로 사용했다가 광복 후에는 대법원이었던 건물이 지금은 어떤 건물이 되었는지 사진에서 찾아 동그라미 해 보세요.

정동 제일 교회

서울 시립 미술관

배재 학당

개항과 철도가 만든 근대 도시

새로운 문물을 실은 배가 들어오고, 신작로와 기찻길을 따라
낮이면 백화점, 호텔, 은행, 상점에 사람들이 넘쳐나고
밤이 되면 전등에 네온사인이 번쩍였어요.
조선의 문이 열리고 새로운 문물과 문화가 들어오자
항구와 기차역을 중심으로 근대 도시가 만들어졌어요.
인천, 부산, 원산, 군산, 목포, 진해, 포항 등의 항구로 사람들이 모이면서
도시가 점점 발전했어요. 대전, 익산, 김천, 조치원, 신의주 등은
철도가 생기며 생겨난 도시예요.
철도의 중심지가 된 대구, 광주, 강경, 천안, 영주 등은 인구가 크게 늘어났어요.
광주의 양림동 일대와 대전과 대구의 원도심인 중구 일대에도
근대 문화 거리가 잘 조성되어 있어요.

*신작로: 자동차가 다닐 수 있을 정도로 넓은 길, 또는 새로 만든 길.

우리나라 근대 도시 중에 다녀온 곳이 있나요? 그렇다면 그때 이야기를 해 보세요.

인천

우리나라 제1의 근대 도시는 인천이에요. 최초의 개항지답게 서양인, 일본인, 중국인이 살았던 지역이 지금도 남아 있어요. 특히 중국인 거리는 현재 차이나타운이 되어 있어요.

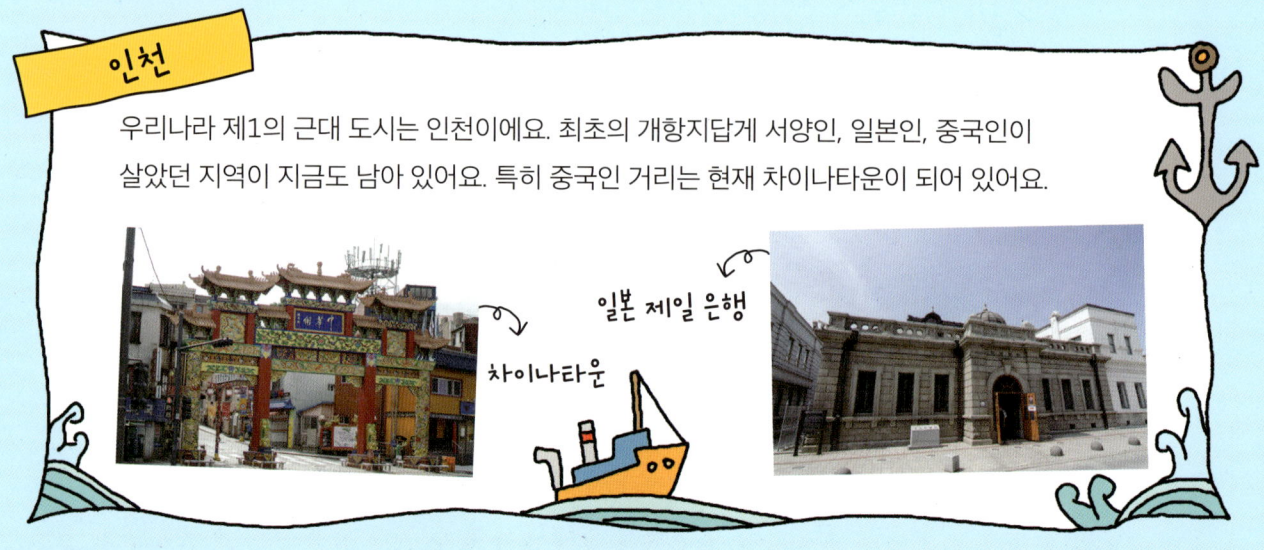

차이나타운

일본 제일 은행

부산

인천과 더불어 개항을 한 부산은 일본과 가장 가까운 도시답게 일본식 건축물을 쉽게 볼 수 있어요. 수정동과 초량동 일대에 남아 있는 일본식 건축물인 정란각, 초량1941 등이 유명해요.

초량1941

정란각

군산

군산은 1930년대 모습을 간직한 곳들이 많아서 역사 탐방을 하기 좋아요. 우리나라에서 오래된 빵집 '이성당', 신흥동 일본식 가옥, 동국사 등이 있어요.

신흥동 일본식 가옥

동국사

목포

목포의 대표적인 근대 건축은 현재 근대 역사관이 된 일본 영사관과 동양 척식 주식회사를 꼽을 수 있어요. 번화가 일대에는 일본식 가옥이 많이 남아 있어요.

근대 역사관 (옛 일본 영사관)

근대 역사관(옛 동양 척식 주식회사)

방방곡곡 3·1 운동 유적을 찾아서

2019년은 3·1 운동이 100년 되는 해였어요.
일제 강점기 최대의 민족 운동답게 3·1 운동 100년을 기념하는 행사가 열리고
이를 기념하는 기념관과 유적이 새롭게 생기고 정비되었어요.
3·1 운동이 일어난 특별한 장소들을 만나 보아요.

1 전라북도 임실군 오수면 오수초등학교
초등학생이 가장 먼저 만세 운동을 시작한 곳이에요.
운동장 옆 화단에는 만세 기념비가 있어요.

2 전라북도 군산 3·1 운동 100주년 기념관
전라북도 군산은 한강 이남에서 가장 먼저
만세 운동이 일어난 곳답게 전국 최초로
3·1 운동 100주년 기념관이 만들어졌어요.

3 경기도 안성 3·1 운동 기념관
경기도 안성은 전국에서 가장 열띤 3·1 운동이 일어났어요.
3·1 운동에 놀란 일본 경찰이 물러가기도 했어요.

4 전라남도 곡성 단군전
전라남도 곡성에는 단군을 섬기는 단군전 앞에
3·1 운동 기념탑이 있어요. 단군전을 세우고 학생들에게
민족의식을 가르친 신태윤이 앞장서 3·1 운동을 일으켰어요.

5 경기도 화성 제암리 3·1 운동 순국기념관
경기도 화성에는 3·1 운동 당시 일본군에게
무참하게 희생된 제암리 3·1 운동 순국기념관이 있어요.
스코필드 박사에 의해 제암리 사건이 세계에 알려졌답니다.

경상북도 안동 하회마을에서도 12세 이하 어린이들이 모여 만세를 외쳤어요.
앞에 말한 곳들 외에도 3·1 운동이 일어난 도시는 정말 많아요.
북한의 수백 개의 도시와 마을에서도 3·1 운동이 일어났어요.
3·1 운동은 우리 모두가 한마음 한뜻으로 함께 했음을 기억해요.

6 대구 3·1 운동 계단(90계단)
학생들이 만세를 외치며 청라언덕에서 계단을 따라 시내로 나가면서 붙여진 이름이에요.

7 경상남도 진주 진주교회 종
일반 백성뿐 아니라 기생, 걸인 등
2만 명이 넘는 사람들이 3·1 운동에 참여했어요.
3·1 운동의 시작을 알린 종이 지금도 진주교회에 걸려 있답니다.

8 충청남도 천안 아우내장터
천안 아우내는 유관순이 만세를 부르다 붙잡힌 곳으로, 지금은 유관순 열사 기념관이 있고 산 너머에 유관순 생가도 남아 있어요.

9 충청북도 영동 독립군 나무
3·1 운동 때 이 느티나무에 헝겊으로 표시를 해서 독립투사들이 일본 경찰의 눈을 피할 수 있게 도와주었다 해서 붙여진 이름이에요.

10 강원도 양양 만세고개
양양은 강원도에서 가장 거센 만세 운동이 일어난 곳이에요.
만 오천 명이 넘는 사람들이 고개를 넘으며 만세를 외쳤어요.
현북면 기사문리에 있는 이 고개는 만세고개라 불리고, 기념탑과 기념비도 세워졌어요.

의병을 만나러 가자!

무기를 들고 나라를 지키기 위해 일어난 의병은 우리 역사의 자랑이에요.
특히, 을미의병(1895년), 을사의병(1905년), 정미의병(1907년)은
전국을 누비며 일본의 간담을 서늘하게 했지요.
영남, 호남, 충청, 강원 등 전국 방방곡곡에서 활약한 의병들,
이들을 기억할 수 있는 역사 유적과 기념관을 만나 보아요.

충청북도 제천시 제천의병전시관
가장 일찍, 가장 많은 의병이 일어선
의병의 고장인 제천에 있는 전시관이에요.
제천 출신 의병들의 활약이
잘 전시되어 있어요.

어쩌면 우리 할아버지의 할아버지가 의병이셨을지도 몰라.

의병 활동은 비밀리에 이뤄지기도 했지.

경상북도 영덕군 신돌석 장군의 생가, 기념관
'태백산 호랑이'로 불린 신돌석 장군의 생가와
기념관이 있어요. 의병 부대 수천 명을
이끌었던 용맹한 의병장이었어요.

강원도 춘천시 의병대장 의암 류인석 기념관
을미의병을 이끈 의병 지도자이자, 독립운동가로서
연해주에서 죽음을 맞이한 류인석을 기리는 곳이에요.

전라북도 장수군 전해산 기념관
호남 의병의 수장으로 추대된 전해산 의병장과
부인 김씨가 나란히 묻힌 무덤이 있어요.
맞은편에는 호남 의병의 활약을 잘 느낄 수 있는
전해산 기념관도 함께 있어요.

목숨 걸고 싸운 의병 조상님들 감사합니다!

# 대한민국 임시 정부 기념관

대한민국 임시 정부 기념관은 임시 정부의 자랑스러운 역사를 널리 알리고 기억하기 위해 만들어진 곳으로, 임시 정부가 어떻게 만들어지고 어떤 활동을 했는지 보여 줘요.
1919년 3.1 운동 이후 중국, 만주, 미주, 국내에서 활동하는 여러 독립운동 단체를 한곳에 모은 곳이 상해 임시 정부였어요. 이곳에서 우리는 황제가 주권을 가진 대한 제국에서 국민이 주인인 대한민국이라고 선언했어요. 일제의 무시무시한 탄압 속에서 나라를 되찾기 위해 애쓴 사람들의 고난과 노력을 생각해 보면서, 100년이 넘은 대한민국 임시 정부의 역사와 유물들을 살펴보세요.

대한민국 임시 정부 기념관(외관)

임시 의정원 회의에서 국호를 결정하는 순간을 영상으로 재현해 볼 수 있어요.

3.1 운동부터 대한민국 임시 정부 수립까지의 과정과 임시 정부의 다양한 활동을 볼 수 있어요.

다양한 양식으로 그려지던 태극기를 통일하고 국호, 연호 등을 계승한 사실을 볼 수 있어요.

임시 정부를 도와준 사람들의 이야기, 임시 정부를 맡았던 이들과 가족의 이야기를 볼 수 있어요.

우리 민족을 상징하는 구슬 200개로 만드는 태극 물결을 볼 수 있어요.

 ## 서대문형무소 역사관으로

독립운동을 체험하려면 가장 먼저 가 보아야 하는 곳이 있어요.
4만여 명이 넘는 독립운동가들이 갇히고 400여 명이 넘는 사람들이
순국한 서대문형무소예요. 광복을 맞이했을 때 사람들이 제일 먼저
몰려가서 독립운동가들을 구해 낸 곳이기도 하지요.
김구, 안창호, 여운형, 손병희, 한용운 등 민족 지도자 모두
이 서대문형무소에 갇혔던 적이 있었지요.
이곳에는 지금도 당시의 모습을 잘 알 수 있는 옥사와 사형장이 남아 있어요.
고문이 일어났던 중앙사 지하실도 들어가 볼 수 있어요.
서대문형무소 가장 깊숙한 곳에 만들어진 사형장에는
사형수가 붙잡고 울었다는 통곡의 미루나무가 지금도 자라고 있답니다.
사형장 뒤에는 시신을 버리기 위해 만든 시구문이 있어 우리의 마음을 아프게 해요.

🔍 서대문형무소를 방문한 적이 있나요? 그곳에서 느낀 점이나 생각을 말해 보세요.

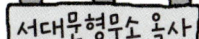
서대문형무소 옥사

일제의 식민 지배를 반대하고 항일 독립운동을 하다가 잡힌 사상범을 주로 가두고 특별 감시와 통제를 했던 곳.

한센병사
굳게 닫힌 한센병사는 중병에 걸린 사람을 죽을 때까지 가두어 두는 곳이었어요. 유관순이 숨을 거둔 여사(여자 죄수가 있는 건물)도 복원되어 있어요. 이곳에서는 유관순을 비롯한 여성 독립운동가들의 이야기를 만날 수 있지요.

격벽장
부채꼴 모양의 격벽장은 벽을 보고 걷는 일종의 운동 시설이에요.

중앙사 1, 2층
오늘날에는 역사관으로 바뀌어 개항부터 일제 강점기의 우리 역사를 전시하고 있어요. 독립운동가들이 형무소에서 비참하게 노역을 했던 기록이 전시되어 있어요.

이 책에 실린 사진들

이 책에 실린 사진들은 저작권자의 허락을 받았으며, 사진들의 일부는 비용을 지불하고 사용을 허락받았습니다.
아울러 공공누리 저작물의 이용 조건에 맞게 수록하였습니다.
이 책의 사진들을 고르는 데 여러 가지로 조언해 주신 국립경주문화재연구소 임주희 선생님과
사진을 실을 수 있도록 허가해 주신 여러 기관과 담당자분들께 감사를 드립니다.

019	경복궁 옥호루 복원 전, 복원 후-문화재청	141	조선 의용대 성립 기념사진-독립기념관
022	러시아 공사관(1910년)-문화재청/ 러시아 공사관(현재)-문화재청	142	이봉창-독립기념관
026	《독립신문》 제1호-국립한글박물관	146	나석주 의사의 편지-국립중앙박물관
031	경복궁 건청궁-문화재청/ 러시아 공사관-문화재청	147	국립 대전 현충원, 김좌진 생가와 백야 공원, 광주 학생 독립운동 기념관, 백범김구기념관, 밀양의열기념관-한국관광공사
	서대문독립공원 서재필 동상-대한민국역사박물관		윤봉길 의사 유적-예산군청
	지평의병·지평리전투기념관-대한민국역사박물관/ 흥인지문-문화재청	150	궁성요배를 강요당한 한국인들-출처:위키미디어/ 궁성요배 전단-독립기념관
	광화문-한국관광공사/ 독립문-대한민국역사박물관	153	군함도-kntrty/Flickr (CC BY 2.0)
	숭례문-한국관광공사	155	조선어 학회 회원들-한글학회
032	전차가 동대문 앞을 지나가고 있는 모습-서울역사박물관	157	『조선말 큰사전』-국립중앙박물관/ 조선어학회 회원들-한글학회
	세브란스 병원(1925년)-서울역사박물관		『말모이』 원고-국립한글박물관
033	서울 대한의원-한국관광공사	158	신채호-독립기념관
034	환구단(1910년대)-서울역사박물관/ 환구단(현재)-문화재청	159	『을지문덕』(신채호)-한글박물관
035	경운궁(덕수궁) 중화전-문화재청/ 고종 황제-국립고궁박물관	160	어린이날 포스터-독립기념관
036	지계-국립민속박물관	168	포츠담 회담 장면-미국 국립문서기록관리청
039	전차가 동대문 앞을 지나가고 있는 모습-서울역사박물관	171	윤동주문학관, 한글가온길, 이육사문학관, 외솔최현배선생기념관-한국관광공사
041	1911년 종로의 모습-서울역사박물관		『말모이』 원고-국립한글박물관/ 영화「아리랑」-(사)아리랑연합회
042	덕수궁 정관헌 내부, 외부-문화재청	175	정동 제일 교회, 서울시립미술관, 배재 학당, 중명전,
045	바뀌어 가는 서당-서울역사박물관/ 배재 학당-문화재청		러시아 공사관-문화재청/ 정동극장-한국관광공사
047	세브란스 병원(1925년)-서울역사박물관/ 서울 대한의원-한국관광공사	176	차이나타운, 일본 제일 은행-인천시청
048	세브란스 병원(1925년)-서울역사박물관	177	초량1941-부산광역시/ 정란각(문화공감 수정)-부산광역시
049	덕수궁-덕수궁 관리소/ 배재 학당 역사박물관-문화재청		신흥동 일본식 가옥-개인촬영/ 동국사-군산시청
	명동 성당-문화재청/ 국립고궁박물관-국립고궁박물관 홈페이지		근대 역사관(옛 일본 영사관), 근대 역사관(옛 동양 척식 주식회사)-목포시청
	황제지보-국립고궁박물관/ 데니 태극기-국립중앙박물관	178	전라북도 임실군 오수면 오수초등학교-전북도청
059	헤이그의 특사들-덕수궁 중명전 전시실		전라북도 군산 3·1 운동 100주년기념관-군산시청
069	독도 경비대-대한민국역사박물관		경기도 안성 3·1 운동 기념관-경기도 안성 3·1 운동기념관 홈페이지
074	우덕순, 조도선, 유동하-독립기념관		전라남도 곡성 단군전-문화재청
077	덕수궁 중명전-덕수궁 관리소/ 안중근의사기념관-한국관광공사		경기도 화성 제암리 3·1 운동 순국기념관-한국관광공사
	안중근 의사 유묵-동국대박물관	179	대구 3·1 운동계단(90계단)-대구시청/
082	신민회 창립 기념사진-국회사무처(국회박물관)		경상남도 진주 진주교회 종(복원)-기독신문
097	식민지역사박물관-한국관광공사/ 양화진 외국인 선교사 묘원-서울 마포구청		충청남도 천안 아우내장터-문화재청/ 충청북도 영동 독립군나무-영동군청
	대한매일신보-국립한글박물관		강원도 양양 만세고개-양양군청
	국채 보상 운동 기념공원-한국관광공사	180	충청북도 제천시 제천의병전시관-제천시청
	국채 보상 운동 기록물-국채보상운동기념관		경상북도 영덕군 신돌석 장군의 생가, 기념관-영덕군청
107	아우내 독립 만세 운동 기념 조형물-한국관광공사		강원도 춘천시 의병대장 의암 류인석 기념관-의암기념관 홈페이지
	아우내 독립 만세 운동 기념 공원-한국관광공사		전라북도 장수군 전해산 기념관-장수군청
114	대한민국 임시 정부 기념사진-독립기념관	181	대한민국 임시 정부 기념관-대한민국 임시 정부 기념관 홈페이지
117	독립기념관, 독립 선언서 배부 터, 탑골공원-한국관광공사	182	서대문형무소 한센병사, 중앙사 1, 2층-문화재청
	대한민국 임시 정부 청사, 안창호 일기-독립기념관		격벽장-서대문형무소 홈페이지/ 서대문형무소 옥사-한국문화정보원
	독립 선언서-국립중앙박물관		